农村的这些事情之
土地政策

赵永兵 编著

黑龙江科学技术出版社
HEILONGJIANG SCIENCE AND TECHNOLOGY PRESS

图书在版编目（CIP）数据

农村的这些事情之土地政策 / 赵永兵编著. -- 哈尔滨：黑龙江科学技术出版社, 2025.5. -- ISBN 978-7-5719-2823-0

Ⅰ. F321.1

中国国家版本馆 CIP 数据核字第 20255HU047 号

农村的这些事情之土地政策

NONGCUN DE ZHEXIE SHIQING ZHI TUDI ZHENGCE

赵永兵 编著

责任编辑	刘 杨	
封面设计	单 迪	
出 版	黑龙江科学技术出版社	
	地址：哈尔滨市南岗区公安街 70-2 号 邮编：150007	
	电话：（0451）53642106 传真：（0451）53642143	
	网址：www.lkcbs.cn	
发 行	全国新华书店	
印 刷	哈尔滨午阳印刷有限公司	
开 本	787 mm×1092 mm 1/16	
印 张	8	
字 数	100 千字	
版 次	2025 年 5 月第 1 版	
印 次	2025 年 5 月第 1 次印刷	
书 号	ISBN 978-7-5719-2823-0	
定 价	58.00 元	

目　录

农村第二轮土地承包到期后延包

土地是农民生存的根本，土地问题向来是农村最敏感、最重要的一件事。目前，第二轮土地承包到期后再延长 30 年的试点工作正在全国很多地方进行，二轮土地承包到期的农户面临着如何延包。

2019 年 11 月 27 日，《中共中央 国务院关于保持土地承包关系稳定并长久不变的意见》（以下简称《意见》）发布，这是我国首次提出的二轮土地承包到期后土地将怎样承包的纲领性文件。《意见》的主要内容归纳起来就是"两不变，一稳定"，即保持土地集体所有、家庭承包经营的基本制度长久不变；保持农户依法承包集体土地的基本权利长久不变；保持农户承包地稳定。

第二轮土地承包到期后延包是当前农村重点工作，涉及农村社会稳定、粮食安全保障和农业现代化发展。农业农村部从 2020 年就已经开展二轮土地承包到期后延包试点。

1.试点一：黑龙江省哈尔滨市方正县

2023 年黑龙江省哈尔滨市方正县进行了二轮土地承包到期后延包的试点工作，具体做法如下：

（1）按照"大稳定、小调整"原则，统筹考虑粮食安全、现代农业发展、基层社会稳定、土地集体属性等各方面，侧重于平稳衔接过渡，整体谋划延包思路和稳慎推进延包工作。

在谋划试点工作时，充分考虑利用近年来群众普遍认可的农村产权制度和农村土地确权改革成果，将土地承包经营权与集体成员身份挂钩，进行微小调整，确保大多数农户原有承包地不变。和平村共有家庭承包户390户，直接顺延372户，占家庭承包户的95.4%，为4个试点村第二轮土地承包时未分少分承包地的55户分配了土地，有效缓解了矛盾。在试点工作中，将发展现代农业与土地延包工作一体考量，组织开展土地承包经营权互换，将各户零星地块进行整合，户均5个地块规整为户均1.5个地块，基本实现"一户一田"。在和平村试点，对零散分布的1773亩新增地源、开荒地权属进行了明确，并交由集体经营，进一步巩固土地集体所有属性。

（2）坚持因地制宜，因情施策，为延包工作"细探索"。

在保证"大稳定"的前提下，对一些特殊情况进行了梳理和探索，为科学推进延包工作打牢了坚实基础。一是对于土地流转规模大且不存在土地地力等级差的村屯，采取了确定承包面积、不确定具体地块的延包模式，既保持了农民土地承包权、收益权，又便于维持土地流转和集中经营。和平村瓦房屯、李仁屯采取了此种模式，集中连片流转土地2000余亩。二是对于已完成高标准农田改造的村屯，核算每户应分土地面积，按照应分面积在标准化农田内整块划转承包，确保"一户一田"，破解承包地细碎化问题。该模式在德善乡安乐村安乐屯进行试点，将标准化农田 3665 亩按一户一田方式承包给 186 户，收到较好成效。三是对于新增地源（含整户消亡回收地）充足的村屯，以户为单位，根据人口数量不变、增减平衡、增加、减少等情形分类进行处理。人口数量不变或增减平衡的，保持原有土地面积和地块不变，直接顺延；人口数量增加的，从新增地源上补充；人口数量减少的，剩余土地由村集体按新增地源管理。四是对于人口整体增长且新增地源无法满足原有分配标准的村屯，采取平均分配原则，结合现有土地资源面积，重新核算人均分配标准，在尽量保持地块位置不变的情况下进行延包。在和平村焦家屯、程家屯开展此模式，共涉及 149 户。五是对于原有土地管理混乱、分配标准不均、矛盾相对比较突出的村屯，坚持破而后立，同样采取平均分配原则进行延包。

（3）坚持完善机制，化解矛盾，为延包工作"卸包袱"。

在推进试点工作过程中，坚持有法依法、无法依规、无规依民原则，对于一些实际工作中界限比较模糊且情况相对复杂的问题进行探索破解，形成工作的"土办法"，有效破解了工作难题。一是探索了延包工作一般程序。围绕明确职责、明白政策、明了四至、明辨人地、明示环节、明细资料等六环节，确定了"六清六明"工作法，进一步规范了工作流程。二是探索了集体经济组织成员身份认定制度。明确在延包工作前，对产权制度改革时认定的成员身份进行重新核定，对产权制度改革到第二轮承包期结束期间成员身份进行认定，提高成员身份认定的规范性和准确性。和平村核定成员1582人。核定出丧失成员身份人员135人，其中：财政供养人员30人，入籍人员10人，已死亡成员95人。三是探索了二轮土地承包户整户消亡认定制度。二轮土地承包户家庭土地共有人全部死亡，且共有人衍生的二代内直系血亲获得土地承包经营权，视为整户消亡；未获得土地承包经营权，不视为整户消亡。和平村认定整户消亡共10户，涉及18人，收回承包土地面积140亩。四是探索了"四荒"开垦耕地地源管理制度。对于实行家庭联产承包责任制以来农户自行开垦的"四荒"地源，且未与村集体建立承包关系的，全部纳入新增地源，由村集体管理，和平村四荒开垦耕地新增管理面积252亩。五是探索了多个家庭土地承包合同合并条件制度。除配偶关系外，其他情形均不允许合并家庭承包合同，避免恶意改变整户消亡情况，造成集体经济损失。六是探索了保障外嫁女（入赘男）承包经营权制度。原则上在居住地认定成员身份，赋予承包经营权。特殊情况下，在居住地未获得承包经营权的，保留原承包经营权，确保外嫁女（入赘男）承包经营权既不"两头占"、又不"两头空"。七是探索了村集体预留地机制。结合村情实际，对于原村农户，且现阶段难以认定成员身份的，提前预留土地，由村集体管理，待成员身份认定后，赋予其承包经营权，但对其身份认定成功前未获得的权益不作补偿。八是探索了流动成员网签合同办法。建立农村土地承包信息和网签管理系统，对外出成员实行线上签订合同，及时确定承包经营权，杜绝代签等行为，规避争议和风险点，提高工作规范化水平。

2.试点二：安徽省

2024年国家在安徽省、湖南省、广西壮族自治区进行了第二轮土地承包到期后再延长30年整省（自治区）试点。安徽省延包的具体做法如下。

（1）"地利岗保"综合施策。

安徽全省38万户，人均耕地面积不足0.3亩，是标准的"人多地少"情况。少地群众向村集体要地种，无地可分怎么办？安徽省拿出了"地利岗保"的四字诀。

"地"就是机动地调配。在保持土地承包关系不变的基础上，充分考虑新增人口利益，把集体机动地、依法收回土地、开荒地等优先分配给净增人口。

"利"就是流转租金调补。对于缺地少地户，鼓励引导他们流转其他农户的土地，村集体给予30%~50%的租金补贴。

"岗"就是提供就业岗位。为愿意就地就近务工的无地少地农户提供就业岗位。

"保"就是农村社保兜底。对于村组没有发包土地或缺地少地户不具备土地经营能力的，安排纳入社会保障。

（2）"外嫁女"提倡在现居住地落实土地承包权。

"外嫁女"的土地承包权益如何在二轮承包到期后延包中得到有力保障？安徽省安庆市怀宁县的《第二轮土地承包到期后再延长30年试点工作方案》中明确，要依法维护出嫁、离婚、丧偶妇女和入赘婿等特殊群体的土地承包及相关权益，充分保障其知情权、参与权，在符合法律法规的前提下，充分尊重村民自治意见，避免"两头空"、防止"两头占"。

具体而言，提倡外嫁女在现居住生活地享受相应的承包地权益，对于居住地与承包地保持一致的，维持现状延包。居住地与承包地分离的，在承包所在地延包，其承包权益的实现由家庭内部协商解决。

需要强调的是，包括未婚女性村民在内，其承包权必须白纸黑字落实在书面的土地承包合同中，任何人不得以任何理由侵害女性村民的土地承包权益。

（3）进城落户农民的承包地权益应予保障。

怀宁县的工作方案中指出，不得以退出土地承包经营权作为农户进城落户的条件。鼓励有稳定非农就业或者稳定收入来源、享有城镇社会保障的进城农户依法自愿有偿在本集体经济组织内转让土地承包经营权，或者将承包地退还集体经济组织。

这里的"鼓励"在实践中绝不能成为变相强制，若其不愿有偿退出或者转让，村集体也不得强行收回其承包地。

（4）公务员等非本集体经济组织成员原则上不参与延包。

安徽省在这一问题上的做法是，国家公务人员、事业单位工作人员、国有企业职工、部队军官等群体绝大多数不参与延包。对于他们的承包地，采取由户内其他集体经济组织成员继续承包的办法。

不过需要强调的是，《中华人民共和国农村集体经济组织法》第十八条中明确规定的几种人不在村内长期工作、生活，但仍以本集体的土地、房屋为主要生活来源的情形不应导致其已有承包地无法延包。

该法第十八条规定，农村集体经济组织成员不因就学、服役、务工、经商、离婚、丧偶、服刑等原因而丧失农村集体经济组织成员身份。

据此，既然这些人继续保有农村集体经济组织成员资格，其就当然有权参与延包，即便其户籍因此而暂时外迁至学校、部队等，也不应将其排除在延包范围之外。

综上所述，二轮土地承包到期后，没有分得土地的能否分给土地？新出生的孩子能否分得土地？现在户口已经迁出本村的，其承包地是否收回？死亡人口的土地是否收回？这些农民朋友关心的问题，需要到时再定，现在正在试点。

整户消亡

1.整户消亡的法律、政策依据

《中华人民共和国农村土地承包法》（以下简称《土地承包法》）第十六条规定，家庭承包的承包方是本集体经济组织的农户。当农户家庭中部分成员死亡的，由于作为承包方的户仍然存在,因此不发生继承问题;家庭成员全部死亡,家庭消亡,即户不存在的,更不发生土地承包经营权的继承问题,应当由发包方收回承包地。

《中共中央 国务院关于保持土地承包关系稳定并长久不变的意见》中规定:"因家庭成员全部死亡而导致承包方消亡的,发包方应当依法收回承包地,另行发包。"

哈尔滨市方正县在二轮土地承包到期后延包的试点工作中,对整户消亡做了明确的论述:二轮土地承包户家庭土地共有人全部死亡,且共有人衍生的二代内直系血亲获得土地承包经营权,视为整户消亡;未获得土地承包经营权,不视为整户消亡。

2.整户消亡的"户"指什么

这个"户"是指二轮土地承包时承包土地的农户,跟户口簿没有关系,这是大家最需要注意的问题。例如,某村两个关系比较好的单身汉,在第二轮土地承包时可以组成一个农户,一起承包土地,签订一个承包合同。他们既没有血缘关系,也不在一个户口簿上。这个"户"也可以理解为"农户往来账页"中的户。

3.不是整户消亡的三个典型案例

(1)关于五保户整户消亡的问题。

五保户张某第二轮土地承包的时候,和他哥哥一家人一起承包了土地，"农户往来账页"上也在一起，也就是说张某和哥哥一家组成一个农户，在村集体承包了土地并签订了土地承包合同，也一起完成了生产任务。因此，在土地确权时，张某的土地应该和他哥哥一家人确权在一起。张某去世了，他哥哥家还有人健在，也就是说土地确权证上还有共有人，这种情况下不能收回张某的土地。

（2）关于独生女外嫁后，户口迁出本村，是否收回土地的问题。

张某老俩口只有一个独生女，独生女在第二轮土地承包的时候也分到了承包田。分完承包田之后，独生女出嫁了，户口也迁走了。张某和他的妻子去世后，村集体要收回张某这户的承包地。如果张某的女儿在其婆家没分到土地，这种做法就是错误的。虽然其户口已经迁出，但土地共有人是存在的。

（3）只有土地非共有人存在，承包田是否收回的问题。

某户人家第二轮土地承包的时候，父亲、母亲、儿子、儿媳四人均分得土地。在二轮承包以后，儿媳又生了两个孩子，变成了六口人。后来因为一场交通事故，儿子和儿媳死亡，老俩口不久也相继去世了，家中只剩下两个小孩。这种情况，也就是承包方只剩下土地的非共有人存在，家中的土地是否收回？黑龙江省哈尔滨市方正县第二轮土地承包到期后再延长30年国家级试点工作文件中规定："二轮土地承包户家庭土地共有人全部死亡且共有人衍生的二代内直系血亲获得土地承包经营权，视为整户消亡；未获得土地承包经营权，不视为整户消亡。"两个孩子未获得承包田，因此不能视为整户消亡，所以不能收回。但有个前提条件，这两个孩子必须是本集体经济组织成员。

要想深入理解整户消亡的意思，必须了解什么是家庭联产承包责任制。家庭联产承包责任制是农户以家庭为单位，向集体经济组织（主要是村、组）承包土地等生产资料和生产任务的农业生产责任制形式。它是中国现阶段农村的一项基本经济制度。在农业生产中，农户作为一个相对独立的经济实体承包经营集体的土地和其他大型生产资料（一般做法是将土地等按人口或劳动力比例根据责、权、利相结合的原则分给农户经营），按照合同规定自主进行生产和经营。其经营收入除按合同规定上缴一小部分给集体及缴纳国家税金外，全部归于农户。集体作为发包方除进行必要的协调管理和经营某些工副业外，主要是为农户提供生产服务。

土地确权证

1.土地确权的政策依据

2015年10月，农业部、中央农办、财政部、国土资源部、国务院法制办、国家档案局联合下发《关于认真做好农村土地承包经营权确权登记颁证工作的意见》（农经发〔2015〕2号）。

2016 年 4 月，黑龙江省按照农经发〔2015〕2 号文件要求，结合实际，制定并发布了《黑龙江省农村土地承包经营权确权登记颁证工作方案》。

2.农户没有取得土地确权证的如何办理

农村土地承包经营权证，也称土地确权证。在确权工作中，部分地区由于操作不规范等原因，造成承包经营权证与承包合同不符，进而导致承包经营权证不准确甚至无法发证。2022 年 12 月，自然资源部公布《土地承包经营权和土地经营权登记操作规范（试行）》（以下简称《规范》），《规范》中明确了土地承包经营权首次登记、变更登记、转移登记、注销登记的办法及审核单位。根据《规范》，土地经营权证由不动产登记中心负责办理，没有拿到土地确权证的或者土地确权证有错误的农民朋友，可以在村委会的配合下到不动产登记中心办理。

3.确权证的内容

确权证的基本内容包括四个方面。一是承包方和发包方的姓名，发包方是村委会，承包方是农户。二是承包方的共有人。《土地承包法》第二十四条规定："土地承包经营权证或者林权证等证书应当将具有土地承包经营权的全部家庭成员列入。""具有土地承包经营权的全部家庭成员"是指二轮土地承包时分得土地的所有人，妇女即使出嫁了、户口迁出了，也是共有人。去世的人，在调查记事栏中记载该成员已经死亡，在确权证上不作为共有人登记。于二轮承包以后至确权之前这段时间出生的，是本集体经济组织成员的也要填上，有多少人填多少人，在他们的名字后面注明是"非共有人"。三是承包田的面积。一般来说承包田面积有两个数据，一个是实测面积，就是用测量工具对农户的实际种植面积进行测量得出的面积。还有一个是应分面积，就是在第二轮土地承包时承包合同上写明的面积。有的确权证只有应分面积，没有实测面积，不过承包田的位置图上会体现实测面积。四是承包田的位置。有多少块承包田，确权证上就有多少经纬坐标图。每个图上都有四个经纬坐标点，用四个经纬坐标点就能计算出这块地的面积，所有地块面积加到一起就是这户承包土地的实测面积。

还有很多人问确权证上的"是"和"否"是什么意思。"是"就是永久基本农田，"否"不是基本农田。

4.确权证与承包合同（农户往来账页）不一致，以哪个为准

如果确权证和承包合同、农户往来账页，或者土地台账不一致，则要以原来的土地承包合同为准，原因如下：

（1）《土地承包法》第二十三条规定："承包合同自成立之日起生效。承包方自承包合同生效时取得土地承包经营权。"第二十四条规定："国家对耕地、林地和草地等实行统一登记，登记机构应当向承包方颁发土地承包经营权证或者林权证等证书，并登记造册，确认土地承包经营权。"由此可见，在家庭承包方式下，承包合同是承包方取得土地承包经营权的依据，土地承包经营权证是依据生效合同颁发的，是对土地承包经营权的确认。因此，对于家庭承包方式下土地承包合同与承包经营权证不一致的，首先应确认承包合同的效力，其次确认登记簿的效力，最后依据登记簿确认土地承包经营权证的法律效力（承包经营权证是依据登记簿颁发的）。

（2）《关于认真做好农村土地承包经营权确权登记颁证工作的意见》（农经发〔2015〕2号）明确规定："开展土地承包经营权确权登记颁证，是对现有土地承包关系的进一步完善，不是推倒重来、打乱重分，不能借机调整或收回农户承包地。要以现有承包台账、合同、证书为依据确认承包地归属。"

综上所述：确权证与承包合同不一致，要以承包合同为准，即使已经发放确权证，也属于无效确权。

5.二轮土地承包到期后再延长30年承包时确权证还有用吗

《自然资源部 农业农村部关于做好不动产统一登记与土地承包合同管理工作有序衔接的通知》（自然资发〔2022〕157号）规定："各地要认真落实《中共中央 国务院关于保持土地承包关系稳定并长久不变的意见》，已依法颁发的农村土地承包经营权证，在新的承包期继续有效且不变不换。

对于延包中因土地承包合同期限变化直接顺延的,农业农村部门组织签订延包合同后,自然资源部门依据延包合同在登记簿上做相应变更,在原农村土地承包经营权证书上标注记载,加盖不动产登记专用章。涉及互换、转让土地承包经营权等其他情形,颁发《不动产权证书》(封皮不动产权证书字样下括号标注'土地承包经营权'),不动产权证书的记载内容应与原农村土地承包经营权证内容衔接一致。证书样式由自然资源部另行发布。"

地 补

1.什么是地补

地补,简单地说,就是对土地的补贴,它的全称是耕地地力保护补贴。很多地方是从 2004 年开始的,最初叫粮种补贴,后来变成三补,即粮种补贴、油料补贴、粮食直补,之后变更为现在的耕地地力保护补贴。各省执行标准不一样,例如:黑龙江省耕地地力保护补贴近三年来每年每亩地分别约为 57 元、72 元、75 元,全省统一标准。目前,吉林、辽宁两省以县为单位,每个县都有自己的标准。

2.地补发放的依据

地补面积是相对固定的,它应该和二轮土地承包纳税时的面积基本持平。也就是说二轮承包的时候一个村交了农业税的面积和地补的面积基本持平。假如某村的土地面积有一万亩，那么国家给该村地补的面积大多是小于一万亩的，因为当年纳税面积小于一万亩。具体是多少，要看该村当年申报了多少。大多数的村地补面积从2007年以后就没有变过。任何部门不得以任何理由截留农户的地补。

3.土地流转了，地补应该归谁

土地流转后，在流转合同中有约定的按约定办，没有约定的，一般补给原承包人。

4.哪种情况没有地补

2021年7月13日，农业农村部就人大代表提出限制耕地"非粮化"生产的建议进行了回复。

2021年，为提高耕地地力保护补贴的针对性和精准性，财政部、农业农村部联合印发了《关于进一步做好耕地地力保护补贴工作的通知》，要求各地将补贴主要用于支持耕地质量提升和粮食生产。出现以下两种情况不再发放耕地地力保护补贴。

（1）已作为畜牧养殖场使用的耕地、林地，成片粮田转为设施农业用地、非农业征（占）用耕地等已改变用途的耕地，以及占补平衡中"补"的面积和质量达不到耕种条件的耕地等不再给予补贴。

（2）对抛荒一年以上的，取消次年补贴资格，确保耕地数量不减少、质量不降低。

粮 补

1.粮补应该发给谁

粮补的全称是生产者补贴。很多地方是从 2016 年开始实施玉米、大豆、水稻三大主粮作物补贴政策的。粮补应该发给谁？简单用一句话概括，就是合法面积的实际种植者，也就是说谁种的地就发给谁。

2.粮补发放程序

第一步，由种植者本人，也就是种地的人，向所在种植地块所在村上报种植面积和种植作物。第二步， 村上核查种植者所提供的资料无误后上报乡镇。第三步，乡镇到村中做调查。调查什么？就是谁在种地，到谁家进行核查。如果以上核查都无误的话，乡镇上报到市县农业农村局和财政局，由市县农业农村局和财政局进行第二次核查，并进行公示。一般公示是 7 天，公示结束后一般在每年的 9、10 月份补贴款会打到种地人的惠农一卡通上。

任何部门不允许以任何理由截留农户的粮补。

3.土地流转了，粮补归谁

土地流转了，合同中有约定的按约定办，如果合同中没有约定，一般情况下补给实际种植者，即谁种地补给谁。

4.东北地区2016年以来粮食补贴情况

东北地区玉米、大豆生产者补贴标准

单位：元/亩

年份	黑龙江		吉林		辽宁		内蒙古	
	玉米	大豆	玉米	大豆	玉米	大豆	玉米	大豆
2016	154	119	182	162	179	112	170	45
2017	134	173	162	165~266	159	135~207	150	177~180
2018	25	320	94	224	100	145~200	70~100	200
2019	30	255	86	265	76	276	79	235
2020	38	238	65~80	245~500	60~70	245~260	90~100	245~250
2021	68	248	60~140	260~500	60~83	210~240	50~133	200~235
2022	28	248	50~94	333~500	—	—	—	320~400
2023	14	366	大豆比玉米高		—	—	—	—
2024	20	352	—	—	—	—	—	—

房屋问题

1.一户一宅

农村村民一户只能拥有一处宅基地,其宅基地的面积不得超过省、自治区、直辖市规定的标准。

2.以前的老土地使用证和老房照是否需要更换

对以前已经依法核发的土地使用证、房屋所有权证等坚持不变不换的原则。如果没有经过变更就不用更换。

3.近年来国家出台的关于宅基地和集体建设用地确权登记工作的文件

为落实中央有关宅基地、集体建设用地使用权确权登记工作要求,自然资源部先后下发了若干文件,进一步作出部署,明确工作要求和确权登记政策等。主要包括:

(1)2011年5月,国土资源部发布《国土资源部 财政部 农业部关于加快推进农村集体土地确权登记发证工作的通知》(国土资发〔2011〕60号);

(2)2011年11月,国土资源部发布《国土资源部 中央农村工作领导小组办公室 财政部 农业部关于农村集体土地确权登记发证的若干意见》（国土资发〔2011〕178号）；

（3）2013年9月，国土资源部发布《国土资源部关于进一步加快农村地籍调查推进集体土地确权登记发证工作的通知》（国土资发〔2013〕97号）；

（4）2014年8月，国土资源部发布《国土资源部 财政部 住房和城乡建设部 农业部 国家林业局关于进一步加快推进宅基地和集体建设用地使用权确权登记发证工作的通知》（国土资发〔2014〕101号）；

（5）2016年12月，国土资源部发布《国土资源部关于进一步加快宅基地和集体建设用地确权登记发证有关问题的通知》（国土资发〔2016〕191号）；

（6）2018年7月，自然资源部发布《自然资源部关于全面推进不动产登记便民利民工作的通知》（自然资发〔2018〕60号）；

（7）2020年5月，自然资源部发布《自然资源部关于加快宅基地和集体建设用地使用权确权登记工作的通知》（自然资发〔2020〕84号）；

（8）2020年5月，自然资源部办公厅发布《自然资源部办公厅关于做好易地扶贫搬迁安置住房不动产登记工作的通知》（自然资办发〔2020〕25号）。

4.城镇籍子女可以继承父母在农村的房子吗

城镇籍的子女可以继承父母在农村的房子,但必须符合条件, 即宅基地上必须有房子。

5.没有老房照和土地使用证的房屋怎样办不动产证

由所在农民集体或村委会对宅基地使用权人、面积、四至范围等进行确认后, 公告 30 天无异议, 由所在农民集体或村委会出具证明。经乡(镇)人民政府审核, 报县级人民政府审定, 属于合法使用的, 予以确权登记。

6.一户多宅进行确权登记的情况

《国土资源部关于进一步加快宅基地和集体建设用地确权登记发证有关问题的通知》(国土资发〔2016〕191号)规定:"宅基地使用权应按照'一户一宅'要求,原则上确权登记到'户'。符合当地分户建房条件未分户,但未经批准另行建房分开居住的,其新建房屋占用的宅基地符合相关规划,经本农民集体同意并公告无异议的,可按规定补办有关用地手续后, 依法予以确权登记;未分开居住的,其实际使用的宅基地没有超过分户后建房用地合计面积标准的, 依法按照实际使用面积予以确权登记。"

对于因继承房屋占用宅基地，形成"一户多宅"的，可按规定确权登记，并在不动产登记簿和证书附记栏进行注记。

7.一户一宅中的"户"是什么意思

地方对"户"的认定有规定的，以地方规定为准。地方未作规定的，可按以下原则认定："户"原则上应以公安部门户籍登记信息为基础，同时应当符合当地申请宅基地建房的条件。根据户籍登记信息无法认定的，可参考当地农村集体土地家庭承包中承包集体土地的农户情况，结合村民自治方式予以认定。

8.非本农村集体经济组织成员取得宅基地能不能登记

根据《国土资源部 中央农村工作领导小组办公室 财政部 农业部关于农村集体土地确权登记发证的若干意见》国土资发〔2011〕178号）、《国土资源部关于进一步加快宅基地和集体建设用地确权登记发证有关问题的通知》（国土资发〔2016〕191号）规定，非本农民集体成员合法取得的宅基地，应区分不同情形予以处理：

（1）非本农民集体成员因扶贫搬迁、地质灾害防治、新农村建设、移民安置等按照政府统一规划和批准使用宅基地的，在退出原宅基地并注销登记后，依法确定新建房屋占用的宅基地使用权。

（2）非本农村集体经济组织成员（含城镇居民），因继承房屋占用宅基地的，可按规定确权登记，在不动产登记簿及证书附记栏注记"该权利人为本农村集体经济组织原成员住宅的合法继承人"。

（3）1999年《国务院办公厅关于加强土地转让管理严禁炒卖土地的通知》（国办发〔1999〕39号）印发前，回原籍村庄、集镇落户的职工、退伍军人、离（退）休干部以及回乡定居的华侨、港澳台同胞等，原在农村合法取得的宅基地，或因合法取得房屋而占用宅基地的，经公告无异议或异议不成立的，由该农村集体经济组织出具证明,可依法确权登记，在不动产登记簿及证书附记栏注记"该权利人为非本农村集体经济组织成员"。"国办发〔1999〕39号"文件印发后，城市居民违法占用宅基地建造房屋、购买农房的，不予登记。

9.农户进城落户后其宅基地能不能确权登记

《中共中央 国务院关于实施乡村振兴战略的意见》（中发〔2018〕1号）明确要求，依法维护进城落户农民的宅基地使用权、土地承包经营权、集体收益分配权，引导进城落户农民依法自愿有偿退出上述权益，不得以退出承包地和宅基地作为农民进城落户条件。《国土资源部关于进一步加快宅基地和集体建设用地确权登记发证有关问题的通知》（国土资发〔2016〕191号）规定，农民进城落户后，其原合法取得的宅基地使用权应予以确权登记。

土地流转

1.土地流转的期限不能超过承包期剩余的期限

《土地承包法》第三十八条规定，土地的"流转期限不得超过承包期的剩余期限"。在现实生活中，由于各种原因，如果承包田的流转期限超过了第二轮土地承包期的期限，无论合同怎样写，都是无效的。

2.土地流转不得改变土地的用途

《土地承包法》第三十八条规定，土地流转"不得改变土地所有权的性质和土地的农业用途，不得破坏农业综合生产能力和农业生态环境"。在现实生活中，经常存在土地流转后，建厂房、建取土场、建窑厂、建鱼池养鱼等行为，无论合同怎样写，如果未依法办理相关手续，这些行为都是法律所不允许的。

3.土地再次流转，须经原承包方书面同意

土地流转后，不经原承包方书面同意，把土地再次流转给他人或者抵押入股等行为在法律上都是不允许的。

4.土地流转后，遇到毁约怎么办

因地价上涨，不少卖地人（土地不允许买卖，应当叫流转，买卖只不过是民间的习惯叫法，下文不做注明）都想毁约，以下观点供大家参考：①无论承包合同是否完善，只要流转行为存在，合同就是有效的，不存在无效合同。双方均应遵守合同约定。②由于当年在流转土地的时候，没有补贴，现在有了各种补贴，因此合同的基础条件发生了变化，《中华人民共和国民法典》第五百三十三条关于合同变更的情形是这样规定的："合同成立后，合同的基础条件发生了当事人在订立合同时无法预见的、不属于商业风险的重大变化，继续履行合同对于当事人一方明显不公平的，受不利影响的当事人可以与对方重新协商；在合理期限内协商不成的，当事人可以请求人民法院或者仲裁机构变更或者解除合同。人民法院或者仲裁机构应当结合案件的实际情况，根据公平原则变更或者解除合同。"也就是说有些土地承包合同适当补交一些承包费，法律是支持的。

二轮土地承包没分得土地的农民返乡要地的问题

1.政策依据

《中共中央办公厅 国务院办公厅关于进一步稳定和完善农村土地承包关系的通知》（中办发〔1997〕16号），《国务院办公厅关于妥善解决当前农村土地承包纠纷的紧急通知》（国办发明电〔2004〕21号）。

《中共黑龙江省委、黑龙江省人民政府关于贯彻落实〈中共中央办公厅 国务院办公厅关于进一步稳定和完善农村土地承包关系的通知〉的意见》（黑发〔1997〕21号），《黑龙江省人民政府办公厅关于妥善解决农村土地承包纠纷问题若干意见的通知》（黑政办发〔2004〕17号）。

2.关于户在人不在的农民没有取得承包地的问题

一些户在人不在的集体经济组织成员，在二轮土地承包时，因为各种原因没有分到承包地，有地源的地方，应该补给承包地。与村集体经济组织有协议自愿放弃土地承包经营权的，维持原协议不变。

3.关于欠款农户的承包地问题

不得将农户的承包地收回抵顶欠款。欠款农户所欠债务可经村民大会或村民代表会议讨论,由欠款农户与村集体经济组织协商签订还款协议。农户因欠村集体经济组织债,在二轮土地承包时没有取得承包地的,有地源的地方,要补给承包地。取得承包地被村集体经济组织收回的,能退回的要退回。农民自愿以地抵债并与村签订协议的,应维持原协议不变。

4.关于婚出婚入人口的承包地问题

已婚妇女二轮土地承包前户口已迁入现居住地,在原居住地二轮土地承包时没有分得承包地,现居住地有地源的,应予补地;在现居住地未取得承包地的,原居住地不得收回承包地。已婚妇女不能同时在两地占有承包地。二轮土地承包时,已婚妇女已取得承包地,因离异到外村再婚,外村未分给承包地的,原村应保留承包地。

5.关于机动地管理违反规定问题

机动地要严格控制在耕地总面积的5%之内,主要用于解决人地矛盾,超出的部分要按尊重历史、群众认可、公平合理的原则进行处理。(这里说明两点:第一,五荒地不属于机动地范围；第二，机动地的计算方法不是大家想的那么简单，详见本书机动地篇。）对机动地发包大多数农民满意的，维持原合同不变；大多数农民有意见的，农村土地承包合同管理部门要进行复查，对确实存在问题的，要按相关规定修订完善承包合同。要切实加强机动地管理，机动地必须全部实行公开竞价发包，原则上一年一发包，承包期最长不得超过 3 年。同等条件下要优先发包给本集体经济组织成员，农户承包的机动地不得再转包。

合作社、家庭农场

1.农村合作社注册流程

（1）到工商行政管理局办理合作社设立登记手续，提交的材料有设立登记申请书；全体设立人签名、盖章的设立大会纪要；全体设立人签名、盖章的章程；法定代表人、理事的任职文件和身份证明；全体出资成员签名、盖章予以确认的出资清单；法定代表人签署的成员名册和成员身份证明复印件；住所使用证明；指定代表或者委托代理人的证明；合作社名称预先核准申请书；业务范围涉及前置许可的文件等资料。

（2）到公安局指定的刻字店（需持有特种行业经营许可证）刻制合作社公章。

（3）到质量技术监督局办理组织机构代码证。

（4）到国家、地方税务局申领税务登记证。

（5）到银行办理开户。

（6）到当地农业农村主管（农村经营管理）部门备案。

2.办理合作社的优惠政策

国家有关办理农村合作社的主要优惠政策如下：

（1）土地优惠政策，包括土地承包的补贴、种粮补贴、良种补贴。

（2）税收优惠政策。

（3）用电用水优惠政策。

（4）流通政策。

（5）资金扶持政策。

（6）贷款优惠政策。

具体补贴以实际政策为准。

3.家庭农场办理流程

家庭农场是指以家庭成员为主要劳动力，从事农业规模化、集约化、商品化生产经营，并以农业收入为家庭主要收入来源的新型农业经营主体。

家庭农场的办理流程如下：

（1）核准。申请办理家庭农场登记的，须先到市场监督管理部门办理名称预先核准。

（2）申请。凭市场监督管理部门核准的"名称预先核准通知书"，填报"家庭农场认定申请表"，随同提交相关材料，向所在乡镇人民政府提出申请。

（3）初审。乡镇人民政府对照家庭农场认定标准，对所申报的家庭农场进行初审，符合条件的签署意见后报送市农业农村局农经站。

（4）认定。市农业农村局农经站根据报送的材料，会同乡镇农经站（涉及林业的由林业部门会审）通过实地考察、审核方式对其真实性进行综合评价后，进行审查认定，对认定合格的家庭农场进行登记、建档并签署意见。

（5）注册。经认定后的家庭农场经营者凭"申办农民家庭农场审批表"到市场监督管理局办理农民家庭农场营业执照。

4.办理家庭农场的好处

家庭农场在农业生产中相当重要，国家有不少补贴支持它，这些补贴包括土地流转、农机购置、农业保险、示范农场奖励、贷款贴息、绿色农业补贴等。但须强调的是，各地情况不同，家庭农场具体能享有怎样的补贴，以当地政策为准。

开 荒 地

1.开荒地的归属

我们国家的土地是公有制,不存在谁开荒就是谁的地的情况。《土地承包法》第四十八条、第四十九条规定,"不宜采取家庭承包方式的荒山、荒沟、荒丘、荒滩等农村土地,通过招标、拍卖、公开协商等方式承包的","应当签订承包合同,承包方取得土地经营权"。在 20 世纪 80 年代左右,因为农业生产工具比较落后,为了鼓励粮食生产,当时国家鼓励农民开荒生产。各地也出台了相应的开荒政策,有的地方规定开荒地可以免费种植三年,三年后优先发包给原开荒人;有的地方规定开荒地可以免费种植五年;有的地方在没有合同的情况下,根据产生的历史情形和当地的规定来处理。总之一句话,集体资源有偿使用。

2.开荒地有补贴吗

大多数开荒地是没有地补的。在很多地方开荒地缴纳了承包费之后,是可以给生产者补贴的。

3.开荒地正常的发包程序

《土地承包法》规定，开荒地可以采取招标、拍卖，公开协商进行承包。在同等条件下，原开荒人可以优先。但不是必须发包给原承包人。

"清化收"和"三资"清理

1.什么是"清化收"和"三资"清理

2018年，各地开展以清理合同、化解债务和新增资源收费为主要内容的"清化收"工作。"三资"是指村级的资产、资源和资金。

2."清化收"工作基本原则

（1）集体所有、有偿使用。

（2）依法推进、民主决策。重大问题应通过成员（代表）大会民主决策。

（3）细化分类，区别对待。在推进过程中，既要尊重历史，又要兼顾现实，对长期承包土地等资源合同和历史形成的村级债务，要客观看待当时形成的历史条件，在此基础上统筹施策。

（4）规范操作，确保稳定。

3.合同清理的原则

（1）合法合规的合同要继续履行。

（2）对未履行法定民主程序，或合同内容不规范，但未损害集体经济组织利益的合同要进行规范，补充法定民主程序，完善合同内容。

（3）对承包期和承包价格存在问题的合同，通过当事双方协商同意，并经成员（代表）大会讨论通过，对合同进行调整，重新约定价格。

（4）对已签订合同不兑现或拖欠承包费的，做好清收和兑现工作，有严重违约行为的，依据相关法律、法规，村集体可单方解除合同，或通过司法途径进行收缴。

（5）税费改革前，通过"以资产资源抵债"方式化解村级债务所签订的合同，依据《黑龙江省农村合作经济承包合同管理条例》第十七条第（三）项关于"订立承包合同所依据的国家政策、计划调整或变更而严重影响一方利益的""允许变更或解除承包合同"的规定，集体经济组织应在考虑当事人多年受益的情况下，通过协商变更或解除合同，协商不成的，通过法律手段解决。

4.农户欠款相关规定

对成员欠款,要视情况进行催收。对农户欠款额度较大,能够一次性偿还的,可以给予一定比例的减免;对确无还款能力的困难户,可以实行减免缓的政策。

5.新增资源收费标准

新增资源收费标准要充分考虑是否享有政策补贴、当地土地流转市场平均价格和地力等级等因素确定。对享受政策补贴的,原则上不得低于所享受的政策补贴额度加当地土地流转市场平均价格30%,具体价格确定须经成员（代表）大会讨论通过,报乡级人民政府审批。

6.新增资源收费用途

对新增资源发包所收资金,作为专项资金管理,要优先用于发展村级经济,比例原则上不低于所收全部资金的50%。根据本地实际可用于村级公益事业建设、补充村级管理费不足,化解村级债务,增加集体积累和按照收益分配制度对本集体经济组织成员分红等,不得未经收益分配核算程序,直接对成员进行分红。

7.开荒地处理

对私自开荒所增加的土地资源，按照尊重历史、兼顾现实的原则，通过协商、调解、行政和司法途径予以清理，收回作为集体新增资源管理，通过民主程序公开发包，同等条件下，原开荒者有优先承包权。对拒不交回的，依法严肃处理。

8.承包田多出部分的收费标准

对土地确权后农户家庭承包地实测面积大于合同面积部分，如拱地头、扩地边、磨牛地、树影地等，充分考虑是否享有政策补贴、面积大小和耕种方便等因素，通过成员（代表）大会讨论是否收费以及收费具体标准，议定结果报乡级人民政府审批后实施。

机动地篇

1.什么是机动地

机动地是一些地方在实施土地承包过程中为解决人地矛盾，减少承包地调整次数而保留的，不实行家庭承包，而由集体经济组织统一组织经营或者实行招标承包经营的土地。

2.五荒地是机动地吗

五荒地是对未开发利用的非耕地、林地及建筑用地等土地的统称，具体包括荒山、荒沟、荒滩、荒坡、荒水等。因此五荒地不是机动地。在计算机动地面积的时候，第二轮土地承包时未纳税的五荒地不能计入机动地面积。

3.村集体应该留多少机动地，怎样计算

《土地承包法》第六十七条规定："本法实施前已经预留机动地的,机动地面积不得超过本集体经济组织耕地总面积的百分之五。不足百分之五的，不得再增加机动地。本法实施前未留机动地的，本法实施后不得再留机动地。"因此，村集体的机动地的计算方法应该是村耕地总面积乘以百分之五。举例说明：某村耕地总面积 10 000 亩，还有五荒地 1000 亩。很多人在计算机动地面积时都把 1000 亩五荒地算作机动地,得出村机动地面积为 1500 亩（10 000×5%+1000），认为村机动地超标，这种计算方法是不对的。正确的计算方法是，10 000 亩×5%=500 亩，即这个村机动地面积为 500 亩，没有超标。另外还有 1000 亩五荒地。1000亩五荒地也应该公开竞价发包。

4.机动地能分吗

在一些地方，有些农户想把机动地分给新增人口，这在实际操作中，如果没有国家政策作为依据，是很难实施的，即使强行实施也会留下很多隐患。例如：是以现有人口为基数还是以二轮承包时的人口为基数？是以户口本为准还是以现有住户为准？类似的很多问题，都没有明确的答案。

5.机动地的承包方法和承包年限

机动地的承包方法各地情况不一样，目前黑龙江大多数地方都是通过当地公共平台公开竞价发包的。关于承包年限的规定，原则上不能长期发包，不能超过二轮承包期。各地出台了机动地承包规定，例如：黑政办发〔2004〕17号文件规定，机动地原则上是一年一发包，承包期最长不得超过3年。

6.长期发包的机动地怎么办

有些长期发包机动地的承包年限已经超出了二轮承包期，超出的年限，二轮承包后合同能否继续履行？

首先要看承包时合同签订程序是否合理，即公开、公平，是双方意思的真实表述，不违反合同签订时的法律法规。例如，某村通过机动地发包筹集资金用于公益事业，村集体召开全体村民大会，公开、公平地将机动地发包到二轮承包期以后。这样的承包合同二轮承包到期后，即使合同不能履行，也不能让承包农户的利益受损。如果合同是私自发包的，程序不合理，二轮承包到期后合同很难履行。

其次要看承包时间。《土地承包法》第六十六条规定："本法实施前已经按照国家有关农村土地承包的规定承包，包括承包期限长于本法规定的，本法实施后继续有效，不得重新承包土地。"

因此，超出二轮承包期限的机动地承包合同，超出年限是否合理，二轮承包后能否实际履行，要综合看合同形成时的情形和合同形成的时间，不能一概而论。

中国农业的三次大变革

1.人民公社

人民公社，亦称"农村人民公社"。中国农村中同基层政权机构相结合的社会主义集体所有制的经济组织，也是农村社会的基层单位。1958年8月，中共中央在北戴河召开的政治局扩大会议作出《关于在农村建立人民公社问题的决议》，决定建立政社合一、工农商学兵合一的人民公社。

2.家庭联产承包责任制

1978 年，安徽省凤阳县小岗村 18 位农民签下"生死状"，将村内土地分开承包，开创了家庭联产承包责任制的先河。家庭联产承包责任制是农户以家庭为单位向集体经济组织承包土地等生产资料和生产任务的农业生产责任制形式。它是中国现阶段农村的一项基本经济制度。在农业生产中，农户作为一个相对独立的经济实体承包经营集体的土地和其他大型生产资料（一般做法是将土地等按人口或劳动力比例根据责、权、利相结合的原则分给农户经营），按照合同规定自主地进行生产和经营。其经营收入除按合同规定上缴一小部分给集体及缴纳国家税金外，全部归于农户。集体作为发包方，除进行必要的协调管理和经营某些工副业外，主要是为农户提供生产服务。

1982、1983 年，全国按照小岗村模式相继开展第一轮土地承包，承包期限是 15 年。

1997、1998 年，全国在第一轮土地承包的基础上，开展第二轮土地承包，承包期限是 30 年。

3.中国农村的税费改革

为进一步减轻农民负担，规范农村收费行为，中央明确提出对现行农村税费制度进行改革，并从 2001 年开始逐步在部分省市进行试点、推广。其主要内容可以概括为"三取消、两调整、一改革"。"三取消",是指取消乡统筹和农村教育集资等专门向农民征收的行政事业性收费和政府性基金、集资;取消屠宰税;取消统一规定的劳动积累工和义务工。"两调整",是指调整现行农业税政策和调整农业特产税政策。"一改革",是指改革现行村提留征收使用办法。

农村税费改革事关广大农民群众的切身利益,是党中央、国务院规范农村分配制度,遏制面向农民的乱收费、乱集资、乱罚款和乱摊派,从根本上解决农民负担问题的一项重大措施,它在维护农村社会稳定,改善党群关系等方面具有重大意义。

附1：农村常用合同范本

土地经营权流转合同

（农户与农户之间一年一发包的合同）

甲方（转出方）：　　　　　家庭住址：

身份证号：　　　　　　　　联系方式：

乙方（转入方）：　　　　　家庭住址：

身份证号：　　　　　　　　联系方式：

为维护土地流转双方当事人的合法权益，根据《中华人民共和国农村土地承包法》《中华人民共和国民法典》《农村土地经营权流转管理办法》等法律、法规和国家有关政策规定，甲乙双方本着依法、自愿、平等、有偿的原则，经协商一致，就土地经营权流转事宜订立本合同。

一、甲方以自家农户代表人的身份，将其家庭承包的位于××乡（镇）××村××屯的土地××亩流转给乙方，从事农业种植生产经营。流转期限一年，从××年××月××日至××年××月××日止。流转的租金为每亩××元，共计×××元（大写）。在签订本合同时，乙方一次性支付给甲方。本合同可以作为收款依据，甲方可以不用给乙方另行出具收据。

流转土地只能用于农业种植生产经营活动，如果乙方不经甲方书面同意改变土地用途，合同终止，承包费不用返回。

二、流转中须明确的几个问题

1.国家对土地的补贴和各种优惠政策包括但不限于现行的耕地地力保护补贴归××方所有，另一方无权干涉。

2.国家对实际种植者的各种补贴和优惠政策,包括但不限于现行的生产者补贴归××方所有,另一方无权干涉。

3.乙方为保护其农业生产行为而进行的农业保险行为,甲方无权干涉。

4.在合同期内,土地被征收或者占用,对地上附着物的补偿归乙方所有。其余补偿和有关补助政策与乙方无关,乙方不得干涉。

5.乙方以所承包的土地进行入股、向金融机构抵押、加入合作社、再次流转时,无须□必须□经甲方书面同意,所得收益归乙方所有。

6.本合同未尽事宜由双方协商解决。协商不妥,按法律程序解决。

三、本合同一式二份,甲乙双方各执一份,条件具备的可以向村委会备案一份。

四、如果甲方的该土地下年继续向外承包,同等条件下,乙方享有优先权。

甲方:

甲方的其他家庭成员:

乙方:

村委会(盖章):

法定代表人:

××年××月××日

(可根据实际情况自行补充或删减)

土地经营权流转合同

（农户与农户之间多年承包的合同）

甲方（转出方）：　　　　　　乙方（转入方）：

身份证号：　　　　　　　　　身份证号：

家庭住址：　　　　　　　　　家庭住址：

丙方（土地所在村委会）：

法定代表人：

身份证号：

为维护土地流转双方当事人的合法权益，根据《中华人民共和国农村土地承包法》《中华人民共和国民法典》《农村土地经营权流转管理办法》等法律、法规和国家有关政策规定，甲乙双方本着依法、自愿、平等、有偿的原则，经协商一致，并报请丙方批准备案，甲方以自家农户代表人的身份，将其在丙方承包经营的土地流转给乙方经营，就土地经营权流转事宜签订本合同。

一、流转土地的基本情况

流转土地位于××乡（镇）××村××屯，总面积为××亩，地块××块。

二、流转土地共有人的情况

流转的土地是甲方在第二轮土地承包时，丙方承包给甲方的承包田。甲方二轮承包时的土地共有人，目前健在的是甲方的配偶××，儿子××，女儿××……。共有人对甲方的流转行为完全知晓并且认可，委托甲方作为代表与乙方签订承包合同。

三、流转土地的期限、付款方式、价格、用途

土地流转的期限是××年，即从××年××月××日至××年××月

××日。每亩土地每年××元，即××元×××亩×××年，共计××××元（大写）。签订本合同时，甲方给乙方指认边界，甲方地邻无异议，乙方对流转的土地都认可后，乙方一次性付给甲方人民币××××元（大写）。甲方给乙方出具收据，付款以收据为准。

甲方收到承包款后，合同开始生效。

流转土地只能用于农业种植生产经营活动，如果乙方不经甲方书面同意改变土地用途，合同终止，剩余年限承包费不用返回。

四、合同成立后明确的几个事项

1.各级部门补贴的归属和优惠政策

国家各级部门对土地的补贴和优惠政策，包括但不限于现行的耕地地力保护补贴（即地补）归××方所有，另一方无权干涉；国家各级部门对实际种植者的补贴和优惠政策包括但不限于现行的生产者补贴（即粮补）归××方所有，另一方无权干涉。

2.土地部分或全部被征收或占用补偿款的归属

土地被征收或占用，对地上附着物的补偿归乙方所有，甲方无权干涉；对土地的补偿归甲方所有，乙方无权干涉。占用后合同不能履行时，合同终止，并退还剩余年限承包费。

3.违约责任

在合同期内，甲方明确表示或者以自己的行为表明不履行该合同，乙方应提请人民法院继续履行该合同。实在不能履行该合同，甲方将承担以下赔偿：

（1）按承包时价格返还剩余年限的承包费。

（2）如果毁约时土地的价格超过签订承包合同时的价格，甲方赔偿给乙方签订承包合同时和毁约时土地的差价。

（3）甲方赔偿给乙方所有剩余年限乙方种植该土地的纯收益。

4.如果合同面积超出丙方二轮承包时承包给甲方的面积,由甲方向丙方补交承包费。甲方和丙方因承包费产生争议,与乙方无关,并且甲方和丙方不能影响本合同履行。

5.乙方以流转的土地进行入股、再次流转,无须□必须□经甲方书面同意。乙方为了保障农业生产经营活动而进行的包括但不限于农业保险等行为,甲方无权干涉。

6.因不可抗力因素致使合同不能履行时,本合同自动终止,双方均不承担责任。

7.本合同未尽事宜,由甲乙双方协商解决,协商不成,交由仲裁机构或人民法院处理。

8.本合同生效后,如果任何一方违约,守约方为维护权益向违约方追偿的一切费用包括但不限于律师费、诉讼费、保全费、鉴定费、差旅费均由违约方承担。

9.本合同一式三份,甲、乙、丙三方各执一份。

甲方:

乙方:

丙方意见:

法定代表人:

丙方(盖章):

××年××月××日

(可根据实际情况进行删减和补充)

农村房屋买卖合同

甲方（出卖人）：　　　　　　身份证号：

家庭住址：　　　　　　　　　联系方式：

乙方（买受人）：　　　　　　身份证号：

家庭住址：　　　　　　　　　联系方式：

根据《中华人民共和国民法典》等相关法律的规定，甲、乙双方就农村房屋买卖事项在平等自愿、协商一致前提下订立本合同，以共同遵守。

1.房屋基本情况

甲方出售房屋坐落于××××××××，该房屋及院落占地面积为×××平方米。

2.甲方自愿将该房屋出售给乙方。

甲、乙双方经过协商，该房屋售价总额：￥××元（人民币××××元整）。

3.付款方式

乙方应当于本合同签订当日向甲方一次性支付购房款￥××元（人民币××××元整）。

甲方收款账（卡）户名称：××××××××

开户行账（卡）号：××××××××

4.房屋的交付

甲方应于乙方付清全部房款后当日内，将该房屋交付乙方，包括该房屋钥匙、电卡、水卡等。同时甲方应将该房屋的农村建房审批表、宅基地规划许可证、法院判决书或调解书等全部原件交予乙方。

甲方保证在交易时该房屋没有产权纠纷。

5.乙方支付完毕全部购房款后，该房屋的全部产权完全归乙方所有，如以后因拆迁等所获利益也全部归乙方享有，与甲方完全无关。

6.过户与翻建

本合同签订时，因农村房屋暂时无法办理过户，待过户条件成熟、国家许可时，甲方协助乙方办理相关过户手续，办理过程中产生的契税等一切税费均由乙方自行负担。

如乙方翻建房屋，需要甲方配合办理相关手续，甲方应无条件予以配合。

7.违约责任

（1）除不可抗拒的自然灾害等特殊情况外，甲方应当于乙方付清全部房款后当日内交付乙方房屋，甲方如不按合同规定的日期交付房屋，每逾期一天，甲方按累计已付房款的日千分之一向乙方支付违约金。

（2）甲方应保证对该房屋有完全的处分权，处理好家庭内部关系和矛盾，如因甲方亲属等造成乙方不能完全行使对该房屋的占有、使用等权利，给乙方造成损失的，由甲方承担全部责任。

（3）本合同签订后，如任何一方违约，需赔偿对方全部损失，包括但不限于已付购房款、翻建费用、按照同期 LPR（贷款市场报价利率）计算的利息、诉讼费、保全费、律师费等，并向守约方支付房屋总价 50%的违约金。

8.其他规定

（1）本合同未尽事项，由甲、乙双方另行议定，并签订补充协议。

（2）本合同在履行中发生争议，由甲、乙双方协商解决。协商不成时，向房屋所在地人民法院起诉。

（3）本合同一式四份，甲、乙双方各执二份，自甲、乙双方签字之日起生效。

甲方：

乙方：

×× 年 ×× 月 ×× 日

附 2：《中华人民共和国农村土地承包法》

中华人民共和国农村土地承包法

（2002 年 8 月 29 日第九届全国人民代表大会常务委员会第二十九次会议通过　2002 年 8 月 29 日中华人民共和国主席令第七十三号公布　根据 2009 年 8 月 27 日第十一届全国人民代表大会常务委员会第十次会议《关于修改部分法律的决定》第一次修正　根据 2018 年 12 月 29 日第十三届全国人民代表大会常务委员会第七次会议《关于修改〈中华人民共和国农村土地承包法〉的决定》第二次修正）

目录

第一章 总 则

第一条 为了巩固和完善以家庭承包经营为基础、统分结合的双层经营体制，保持农村土地承包关系稳定并长久不变，维护农村土地承包经营当事人的合法权益，促进农业、农村经济发展和农村社会和谐稳定，根据宪法，制定本法。

第二条 本法所称农村土地，是指农民集体所有和国家所有依法由农民集体使用的耕地、林地、草地，以及其他依法用于农业的土地。

第三条 国家实行农村土地承包经营制度。

农村土地承包采取农村集体经济组织内部的家庭承包方式，不宜采取家庭承包方式的荒山、荒沟、荒丘、荒滩等农村土地，可以采取招标、拍卖、公开协商等方式承包。

第四条 农村土地承包后，土地的所有权性质不变。承包地不得买卖。

第五条 农村集体经济组织成员有权依法承包由本集体经济组织发包的农村土地。

任何组织和个人不得剥夺和非法限制农村集体经济组织成员承包土地的权利。

第六条 农村土地承包，妇女与男子享有平等的权利。承包中应当保护妇女的合法权益，任何组织和个人不得剥夺、侵害妇女应当享有的土地承包经营权。

第七条 农村土地承包应当坚持公开、公平、公正的原则，正确处理国家、集体、个人三者的利益关系。

第八条 国家保护集体土地所有者的合法权益，保护承包方的土地承包经营权，任何组织和个人不得侵犯。

第九条 承包方承包土地后，享有土地承包经营权，可以自己经营，也可以保留土地承包权，流转其承包地的土地经营权，由他人经营。

第十条 国家保护承包方依法、自愿、有偿流转土地经营权，保护土地经营权人的合法权益，任何组织和个人不得侵犯。

第十一条 农村土地承包经营应当遵守法律、法规，保护土地资源的合理开发和可持续利用，未经依法批准不得将承包地用于非农建设。

国家鼓励增加对土地的投入，培肥地力，提高农业生产能力。

第十二条 国务院农业农村、林业和草原主管部门分别依照国务院规定的职责负责全国农村土地承包经营及承包经营合同管理的指导。

县级以上地方人民政府农业农村、林业和草原等主管部门分别依照各自职责，负责本行政区域内农村土地承包经营及承包经营合同管理。

乡（镇）人民政府负责本行政区域内农村土地承包经营及承包经营合同管理。

第二章 家庭承包

第一节 发包方和承包方的权利和义务

第十三条 农民集体所有的土地依法属于村农民集体所有的，由村集体经济组织或者村民委员会发包；已经分别属于村内两个以上农村集体经济组织的农民集体所有的，由村内各该农村集体经济组织或者村民小组发包。村集体经济组织或者村民委员会发包的，不得改变村内各集体经济组织农民集体所有的土地的所有权。

国家所有依法由农民集体使用的农村土地，由使用该土地的农村集体经济组织、村民委员会或者村民小组发包。

第十四条 发包方享有下列权利：

（一）发包本集体所有的或者国家所有依法由本集体使用的农村土地；

（二）监督承包方依照承包合同约定的用途合理利用和保护土地；

（三）制止承包方损害承包地和农业资源的行为；

（四）法律、行政法规规定的其他权利。

第十五条 发包方承担下列义务：

（一）维护承包方的土地承包经营权，不得非法变更、解除承包合同；

（二）尊重承包方的生产经营自主权，不得干涉承包方依法进行正常的生产经营活动；

（三）依照承包合同约定为承包方提供生产、技术、信息等服务；

（四）执行县、乡（镇）土地利用总体规划，组织本集体经济组织内的农业基础设施建设；

（五）法律、行政法规规定的其他义务。

第十六条 家庭承包的承包方是本集体经济组织的农户。

农户内家庭成员依法平等享有承包土地的各项权益。

第十七条 承包方享有下列权利：

（一）依法享有承包地使用、收益的权利，有权自主组织生产经营和处置产品；

（二）依法互换、转让土地承包经营权；

（三）依法流转土地经营权；

（四）承包地被依法征收、征用、占用的，有权依法获得相应的补偿；

（五）法律、行政法规规定的其他权利。

第十八条 承包方承担下列义务：

（一）维持土地的农业用途，未经依法批准不得用于非农建设；

（二）依法保护和合理利用土地，不得给土地造成永久性损害；

（三）法律、行政法规规定的其他义务。

第二节 承包的原则和程序

第十九条 土地承包应当遵循以下原则：

（一）按照规定统一组织承包时，本集体经济组织成员依法平等地行使承包土地的权利，也可以自愿放弃承包土地的权利；

（二）民主协商，公平合理；

（三）承包方案应当按照本法第十三条的规定，依法经本集体经济组织成员的村民会议三分之二以上成员或者三分之二以上村民代表的同意；

（四）承包程序合法。

第二十条 土地承包应当按照以下程序进行：

（一）本集体经济组织成员的村民会议选举产生承包工作小组；

（二）承包工作小组依照法律、法规的规定拟订并公布承包方案；

（三）依法召开本集体经济组织成员的村民会议，讨论通过承包方案；

（四）公开组织实施承包方案；

（五）签订承包合同。

第三节 承包期限和承包合同

第二十一条 耕地的承包期为三十年。草地的承包期为三十年至五十年。林地的承包期为三十年至七十年。

前款规定的耕地承包期届满后再延长三十年，草地、林地承包期届满后依照前款规定相应延长。

第二十二条 发包方应当与承包方签订书面承包合同。

承包合同一般包括以下条款：

（一）发包方、承包方的名称，发包方负责人和承包方代表的姓名、住所；

（二）承包土地的名称、坐落、面积、质量等级；

（三）承包期限和起止日期；

（四）承包土地的用途；

（五）发包方和承包方的权利和义务；

（六）违约责任。

第二十三条 承包合同自成立之日起生效。承包方自承包合同生效时取得土地承包经营权。

第二十四条 国家对耕地、林地和草地等实行统一登记，登记机构应当向承包方颁发土地承包经营权证或者林权证等证书，并登记造册，确认土地承包经营权。

土地承包经营权证或者林权证等证书应当将具有土地承包经营权的全部家庭成员列入。

登记机构除按规定收取证书工本费外，不得收取其他费用。

第二十五条　承包合同生效后，发包方不得因承办人或者负责人的变动而变更或者解除，也不得因集体经济组织的分立或者合并而变更或者解除。

第二十六条　国家机关及其工作人员不得利用职权干涉农村土地承包或者变更、解除承包合同。

第四节　土地承包经营权的保护和互换、转让

第二十七条　承包期内，发包方不得收回承包地。

国家保护进城农户的土地承包经营权。不得以退出土地承包经营权作为农户进城落户的条件。

承包期内，承包农户进城落户的，引导支持其按照自愿有偿原则依法在本集体经济组织内转让土地承包经营权或者将承包地交回发包方，也可以鼓励其流转土地经营权。

承包期内，承包方交回承包地或者发包方依法收回承包地时，承包方对其在承包地上投入而提高土地生产能力的，有权获得相应的补偿。

第二十八条　承包期内，发包方不得调整承包地。

承包期内，因自然灾害严重毁损承包地等特殊情形对个别农户之间承包的耕地和草地需要适当调整的，必须经本集体经济组织成员的村民会议三分之二以上成员或者三分之二以上村民代表的同意，并报乡（镇）人民政府和县级人民政府农业农村、林业和草原等主管部门批准。承包合同中约定不得调整的，按照其约定。

第二十九条　下列土地应当用于调整承包土地或者承包给新增人口：

（一）集体经济组织依法预留的机动地；

（二）通过依法开垦等方式增加的；

（三）发包方依法收回和承包方依法、自愿交回的。

第三十条 承包期内，承包方可以自愿将承包地交回发包方。承包方自愿交回承包地的，可以获得合理补偿，但是应当提前半年以书面形式通知发包方。承包方在承包期内交回承包地的，在承包期内不得再要求承包土地。

第三十一条 承包期内，妇女结婚，在新居住地未取得承包地的，发包方不得收回其原承包地；妇女离婚或者丧偶，仍在原居住地生活或者不在原居住地生活但在新居住地未取得承包地的，发包方不得收回其原承包地。

第三十二条 承包人应得的承包收益，依照继承法的规定继承。

林地承包的承包人死亡，其继承人可以在承包期内继续承包。

第三十三条 承包方之间为方便耕种或者各自需要，可以对属于同一集体经济组织的土地的土地承包经营权进行互换，并向发包方备案。

第三十四条 经发包方同意，承包方可以将全部或者部分的土地承包经营权转让给本集体经济组织的其他农户，由该农户同发包方确立新的承包关系，原承包方与发包方在该土地上的承包关系即行终止。

第三十五条 土地承包经营权互换、转让的，当事人可以向登记机构申请登记。未经登记，不得对抗善意第三人。

第五节 土地经营权

第三十六条 承包方可以自主决定依法采取出租（转包）、入股或者其他方式向他人流转土地经营权，并向发包方备案。

第三十七条 土地经营权人有权在合同约定的期限内占有农村土地，自主开展农业生产经营并取得收益。

第三十八条 土地经营权流转应当遵循以下原则：

（一）依法、自愿、有偿，任何组织和个人不得强迫或者阻碍土地经营权流转；

（二）不得改变土地所有权的性质和土地的农业用途，不得破坏农业综合生产能力和农业生态环境；

（三）流转期限不得超过承包期的剩余期限；

（四）受让方须有农业经营能力或者资质；

（五）在同等条件下，本集体经济组织成员享有优先权。

第三十九条 土地经营权流转的价款，应当由当事人双方协商确定。流转的收益归承包方所有，任何组织和个人不得擅自截留、扣缴。

第四十条 土地经营权流转，当事人双方应当签订书面流转合同。

土地经营权流转合同一般包括以下条款：

（一）双方当事人的姓名、住所；

（二）流转土地的名称、坐落、面积、质量等级；

（三）流转期限和起止日期；

（四）流转土地的用途；

（五）双方当事人的权利和义务；

（六）流转价款及支付方式；

（七）土地被依法征收、征用、占用时有关补偿费的归属；

（八）违约责任。

承包方将土地交由他人代耕不超过一年的，可以不签订书面合同。

第四十一条 土地经营权流转期限为五年以上的，当事人可以向登记机构申请土地经营权登记。未经登记，不得对抗善意第三人。

第四十二条 承包方不得单方解除土地经营权流转合同，但受让方有下列情形之一的除外：

（一）擅自改变土地的农业用途；

（二）弃耕抛荒连续两年以上；

（三）给土地造成严重损害或者严重破坏土地生态环境；

（四）其他严重违约行为。

第四十三条 经承包方同意，受让方可以依法投资改良土壤，建设农业生产附属、配套设施，并按照合同约定对其投资部分获得合理补偿。

第四十四条 承包方流转土地经营权的，其与发包方的承包关系不变。

第四十五条 县级以上地方人民政府应当建立工商企业等社会资本通过流转取得土地经营权的资格审查、项目审核和风险防范制度。

工商企业等社会资本通过流转取得土地经营权的，本集体经济组织可以收取适量管理费用。

具体办法由国务院农业农村、林业和草原主管部门规定。

第四十六条 经承包方书面同意，并向本集体经济组织备案，受让方可以再流转土地经营权。

第四十七条 承包方可以用承包地的土地经营权向金融机

构融资担保，并向发包方备案。受让方通过流转取得的土地经营权，经承包方书面同意并向发包方备案，可以向金融机构融资担保。

担保物权自融资担保合同生效时设立。当事人可以向登记机构申请登记；未经登记，不得对抗善意第三人。

实现担保物权时，担保物权人有权就土地经营权优先受偿。

土地经营权融资担保办法由国务院有关部门规定。

第三章 其他方式的承包

第四十八条 不宜采取家庭承包方式的荒山、荒沟、荒丘、荒滩等农村土地，通过招标、拍卖、公开协商等方式承包的，适用本章规定。

第四十九条 以其他方式承包农村土地的，应当签订承包合同，承包方取得土地经营权。当事人的权利和义务、承包期限等，由双方协商确定。以招标、拍卖方式承包的，承包费通过公开竞标、竞价确定；以公开协商等方式承包的，承包费由双方议定。

第五十条 荒山、荒沟、荒丘、荒滩等可以直接通过招标、拍卖、公开协商等方式实行承包经营，也可以将土地经营权折股分给本集体经济组织成员后，再实行承包经营或者股份合作经营。

承包荒山、荒沟、荒丘、荒滩的，应当遵守有关法律、行政法规的规定，防止水土流失，保护生态环境。

第五十一条 以其他方式承包农村土地，在同等条件下，本集体经济组织成员有权优先承包。

第五十二条 发包方将农村土地发包给本集体经济组织以

外的单位或者个人承包，应当事先经本集体经济组织成员的村民会议三分之二以上成员或者三分之二以上村民代表的同意，并报乡（镇）人民政府批准。

由本集体经济组织以外的单位或者个人承包的，应当对承包方的资信情况和经营能力进行审查后，再签订承包合同。

第五十三条 通过招标、拍卖、公开协商等方式承包农村土地，经依法登记取得权属证书的，可以依法采取出租、入股、抵押或者其他方式流转土地经营权。

第五十四条 依照本章规定通过招标、拍卖、公开协商等方式取得土地经营权的，该承包人死亡，其应得的承包收益，依照继承法的规定继承；在承包期内，其继承人可以继续承包。

第四章 争议的解决和法律责任

第五十五条 因土地承包经营发生纠纷的，双方当事人可以通过协商解决，也可以请求村民委员会、乡（镇）人民政府等调解解决。

当事人不愿协商、调解或者协商、调解不成的，可以向农村土地承包仲裁机构申请仲裁，也可以直接向人民法院起诉。

第五十六条 任何组织和个人侵害土地承包经营权、土地经营权的，应当承担民事责任。

第五十七条 发包方有下列行为之一的，应当承担停止侵害、排除妨碍、消除危险、返还财产、恢复原状、赔偿损失等民事责任：

（一）干涉承包方依法享有的生产经营自主权；

（二）违反本法规定收回、调整承包地；

（三）强迫或者阻碍承包方进行土地承包经营权的互换、

转让或者土地经营权流转；

（四）假借少数服从多数强迫承包方放弃或者变更土地承包经营权；

（五）以划分"口粮田"和"责任田"等为由收回承包地搞招标承包；

（六）将承包地收回抵顶欠款；

（七）剥夺、侵害妇女依法享有的土地承包经营权；

（八）其他侵害土地承包经营权的行为。

第五十八条 承包合同中违背承包方意愿或者违反法律、行政法规有关不得收回、调整承包地等强制性规定的约定无效。

第五十九条 当事人一方不履行合同义务或者履行义务不符合约定的，应当依法承担违约责任。

第六十条 任何组织和个人强迫进行土地承包经营权互换、转让或者土地经营权流转的，该互换、转让或者流转无效。

第六十一条 任何组织和个人擅自截留、扣缴土地承包经营权互换、转让或者土地经营权流转收益的，应当退还。

第六十二条 违反土地管理法规，非法征收、征用、占用土地或者贪污、挪用土地征收、征用补偿费用，构成犯罪的，依法追究刑事责任；造成他人损害的，应当承担损害赔偿等责任。

第六十三条 承包方、土地经营权人违法将承包地用于非农建设的，由县级以上地方人民政府有关主管部门依法予以处罚。

承包方给承包地造成永久性损害的，发包方有权制止，并有权要求赔偿由此造成的损失。

第六十四条 土地经营权人擅自改变土地的农业用途、弃耕抛荒连续两年以上、给土地造成严重损害或者严重破坏土地生态环境，承包方在合理期限内不解除土地经营权流转合同的，发包方有权要求终止土地经营权流转合同。土地经营权人对土地和土地生态环境造成的损害应当予以赔偿。

第六十五条 国家机关及其工作人员有利用职权干涉农村土地承包经营，变更、解除承包经营合同，干涉承包经营当事人依法享有的生产经营自主权，强迫、阻碍承包经营当事人进行土地承包经营权互换、转让或者土地经营权流转等侵害土地承包经营权、土地经营权的行为，给承包经营当事人造成损失的，应当承担损害赔偿等责任；情节严重的，由上级机关或者所在单位给予直接责任人员处分；构成犯罪的，依法追究刑事责任。

第五章 附 则

第六十六条 本法实施前已经按照国家有关农村土地承包的规定承包，包括承包期限长于本法规定的，本法实施后继续有效，不得重新承包土地。未向承包方颁发土地承包经营权证或者林权证等证书的，应当补发证书。

第六十七条 本法实施前已经预留机动地的，机动地面积不得超过本集体经济组织耕地总面积的百分之五。不足百分之五的，不得再增加机动地。

本法实施前未留机动地的，本法实施后不得再留机动地。

第六十八条 各省、自治区、直辖市人民代表大会常务委员会可以根据本法，结合本行政区域的实际情况，制定实施办法。

第六十九条 确认农村集体经济组织成员身份的原则、程序等，由法律、法规规定。

第七十条 本法自 2003 年 3 月 1 日起施行。

附 3：《最高人民法院关于审理涉及农村土地承包纠纷案件适用法律问题的解释》

最高人民法院
关于审理涉及农村土地承包纠纷案件适用法律问题的解释

（2005 年 3 月 29 日由最高人民法院审判委员会第 1346 次会议通过，根据 2020 年 12 月 23 日最高人民法院审判委员会第 1823 次会议通过的《最高人民法院关于修改〈最高人民法院关于在民事审判工作中适用《中华人民共和国工会法》若干问题的解释〉等二十七件民事类司法解释的决定》修正）

为正确审理农村土地承包纠纷案件，依法保护当事人的合法权益，根据《中华人民共和国民法典》《中华人民共和国农村土地承包法》《中华人民共和国土地管理法》《中华人民共和国民事诉讼法》等法律的规定，结合民事审判实践，制定本解释。

一、受理与诉讼主体

第一条 下列涉及农村土地承包民事纠纷，人民法院应当依法受理：

（一）承包合同纠纷；

（二）承包经营权侵权纠纷；

（三）土地经营权侵权纠纷；

（四）承包经营权互换、转让纠纷；

（五）土地经营权流转纠纷；

（六）承包地征收补偿费用分配纠纷；

（七）承包经营权继承纠纷；

（八）土地经营权继承纠纷。

农村集体经济组织成员因未实际取得土地承包经营权提起民事诉讼的，人民法院应当告知其向有关行政主管部门申请解决。

农村集体经济组织成员就用于分配的土地补偿费数额提起民事诉讼的，人民法院不予受理。

第二条 当事人自愿达成书面仲裁协议的，受诉人民法院应当参照《最高人民法院关于适用〈中华人民共和国民事诉讼法〉的解释》第二百一十五条、第二百一十六条的规定处理。

当事人未达成书面仲裁协议，一方当事人向农村土地承包仲裁机构申请仲裁，另一方当事人提起诉讼的，人民法院应予受理，并书面通知仲裁机构。但另一方当事人接受仲裁管辖后又起诉的，人民法院不予受理。

当事人对仲裁裁决不服并在收到裁决书之日起三十日内提起诉讼的，人民法院应予受理。

第三条 承包合同纠纷，以发包方和承包方为当事人。

前款所称承包方是指以家庭承包方式承包本集体经济组织农村土地的农户，以及以其他方式承包农村土地的组织或者个人。

第四条 农户成员为多人的，由其代表人进行诉讼。

农户代表人按照下列情形确定：

（一）土地承包经营权证等证书上记载的人；

（二）未依法登记取得土地承包经营权证等证书的，为在承包合同上签名的人；

（三）前两项规定的人死亡、丧失民事行为能力或者因其他原因无法进行诉讼的，为农户成员推选的人。

二、家庭承包纠纷案件的处理

第五条 承包合同中有关收回、调整承包地的约定违反农村土地承包法第二十七条[①]、第二十八条[②]、第三十一条[③]规定的，应当认定该约定无效。

第六条 因发包方违法收回、调整承包地，或者因发包方收回承包方弃耕、撂荒的承包地产生的纠纷，按照下列情形，分别处理：

（一）发包方未将承包地另行发包，承包方请求返还承包地的，应予支持；

（二）发包方已将承包地另行发包给第三人，承包方以发包方和第三人为共同被告，请求确认其所签订的承包合同无效、返还承包地并赔偿损失的，应予支持。但属于承包方弃耕、撂荒情形的，对其赔偿损失的诉讼请求，不予支持。

前款第（二）项所称的第三人，请求受益方补偿其在承包地上的合理投入的，应予支持。

---

① 《中华人民共和国农村土地承包法》第二十七条：承包期内，发包方不得收回承包地。国家保护进城农户的土地承包经营权。不得以退出土地承包经营权作为农户进城落户的条件。承包期内，承包农户进城落户的，引导支持其按照自愿有偿原则依法在本集体经济组织内转让土地承包经营权或者将承包地交回发包方，也可以鼓励其流转土地经营权。承包期内，承包方交回承包地或者发包方依法收回承包地时，承包方对其在承包地上投入而提高土地生产能力的，有权获得相应的补偿。

② 《中华人民共和国农村土地承包法》第二十八条：承包期内，发包方不得调整承包地。承包期内，因自然灾害严重毁损承包地等特殊情形对个别农户之间承包的耕地和草地需要适当调整的，必须经本集体经济组织成员的村民会议三分之二以上成员或者三分之二以上村民代表的同意，并报乡（镇）人民政府和县级人民政府农业农村、林业和草原等主管部门批准。承包合同中约定不得调整的，按照其约定。

③ 《中华人民共和国农村土地承包法》第三十一条：承包期内，妇女结婚，在新居住地未取得承包地的，发包方不得收回其原承包地；妇女离婚或者丧偶，仍在原居住地生活或者不在原居住地生活但在新居住地未取得承包地的，发包方不得收回其原承包地。

第七条 承包合同约定或者土地承包经营权证等证书记载的承包期限短于农村土地承包法规定的期限，承包方请求延长的，应予支持。

第八条 承包方违反农村土地承包法第十八条[①]规定，未经依法批准将承包地用于非农建设或者对承包地造成永久性损害，发包方请求承包方停止侵害、恢复原状或者赔偿损失的，应予支持。

第九条 发包方根据农村土地承包法第二十七条规定收回承包地前，承包方已经以出租、入股或者其他形式将其土地经营权流转给第三人，且流转期限尚未届满，因流转价款收取产生的纠纷，按照下列情形，分别处理：

（一）承包方已经一次性收取了流转价款，发包方请求承包方返还剩余流转期限的流转价款的，应予支持；

（二）流转价款为分期支付，发包方请求第三人按照流转合同的约定支付流转价款的，应予支持。

第十条 承包方交回承包地不符合农村土地承包法第三十条[②]规定程序的，不得认定其为自愿交回。

第十一条 土地经营权流转中，本集体经济组织成员在流转价款、流转期限等主要内容相同的条件下主张优先权的，应予支持。但下列情形除外：

（一）在书面公示的合理期限内未提出优先权主张的；

（二）未经书面公示，在本集体经济组织以外的人开始使用承包地两个月内未提出优先权主张的。

---

① 《中华人民共和国农村土地承包法》第十八条：承包方承担下列义务：（一）维持土地的农业用途，未经依法批准不得用于非农建设；（二）依法保护和合理利用土地，不得给土地造成永久性损害；（三）法律、行政法规规定的其他义务。

② 《中华人民共和国农村土地承包法》第三十条：承包期内，承包方可以自愿将承包地交回发包方。承包方自愿交回承包地的，可以获得合理补偿，但是应当提前半年以书面形式通知发包方。承包方在承包期内交回承包地的，在承包期内不得再要求承包土地。

第十二条 发包方胁迫承包方将土地经营权流转给第三人，承包方请求撤销其与第三人签订的流转合同的，应予支持。

发包方阻碍承包方依法流转土地经营权，承包方请求排除妨碍、赔偿损失的，应予支持。

第十三条 承包方未经发包方同意，转让其土地承包经营权的，转让合同无效。但发包方无法定理由不同意或者拖延表态的除外。

第十四条 承包方依法采取出租、入股或者其他方式流转土地经营权，发包方仅以该土地经营权流转合同未报其备案为由，请求确认合同无效的，不予支持。

第十五条 因承包方不收取流转价款或者向对方支付费用的约定产生纠纷，当事人协商变更无法达成一致，且继续履行又显失公平的，人民法院可以根据发生变更的客观情况，按照公平原则处理。

第十六条 当事人对出租地流转期限没有约定或者约定不明的，参照民法典第七百三十条规定处理。除当事人另有约定或者属于林地承包经营外，承包地交回的时间应当在农作物收获期结束后或者下一耕种期开始前。

对提高土地生产能力的投入，对方当事人请求承包方给予相应补偿的，应予支持。

第十七条 发包方或者其他组织、个人擅自截留、扣缴承包收益或者土地经营权流转收益，承包方请求返还的，应予支持。

发包方或者其他组织、个人主张抵销的，不予支持。

三、其他方式承包纠纷的处理

第十八条 本集体经济组织成员在承包费、承包期限等主要内容相同的条件下主张优先承包的，应予支持。但在发包方将农村土地发包给本集体经济组织以外的组织或者个人，已经法律规定的民主议定程序通过，并由乡（镇）人民政府批准后主张优先承包的，不予支持。

第十九条 发包方就同一土地签订两个以上承包合同，承包方均主张取得土地经营权的，按照下列情形，分别处理：

（一）已经依法登记的承包方，取得土地经营权；

（二）均未依法登记的，生效在先合同的承包方取得土地经营权；

（三）依前两项规定无法确定的，已经根据承包合同合法占有使用承包地的人取得土地经营权，但争议发生后一方强行先占承包地的行为和事实，不得作为确定土地经营权的依据。

四、土地征收补偿费用分配及土地承包经营权继承纠纷的处理

第二十条 承包地被依法征收，承包方请求发包方给付已经收到的地上附着物和青苗的补偿费的，应予支持。

承包方已将土地经营权以出租、入股或者其他方式流转给第三人的，除当事人另有约定外，青苗补偿费归实际投入人所有，地上附着物补偿费归附着物所有人所有。

第二十一条 承包地被依法征收，放弃统一安置的家庭承包方，请求发包方给付已经收到的安置补助费的，应予支持。

第二十二条 农村集体经济组织或者村民委员会、村民小组，可以依照法律规定的民主议定程序，决定在本集体经济组织内部分配已经收到的土地补偿费。征地补偿安置方案确定时已经具有本集体经济组织成员资格的人，请求支付相应份额的，应予支持。但已报全国人大常委会、国务院备案的地方性法规、自治条例和单行条例、地方政府规章对土地补偿费在农村集体经济组织内部的分配办法另有规定的除外。

第二十三条 林地家庭承包中，承包方的继承人请求在承包

期内继续承包的，应予支持。

其他方式承包中，承包方的继承人或者权利义务承受者请求在承包期内继续承包的，应予支持。

五、其他规定

第二十四条　人民法院在审理涉及本解释第五条、第六条第一款第（二）项及第二款、第十五条的纠纷案件时，应当着重进行调解。必要时可以委托人民调解组织进行调解。

第二十五条　本解释自 2005 年 9 月 1 日起施行。施行后受理的第一审案件，适用本解释的规定。

施行前已经生效的司法解释与本解释不一致的，以本解释为准。

附 4：《中华人民共和国村民委员会组织法》

中华人民共和国村民委员会组织法

（1998 年 11 月 4 日第九届全国人民代表大会常务委员会第五次会议通过 2010 年 10 月 28 日第十一届全国人民代表大会常务委员会第十七次会议修订 根据 2018 年 12 月 29 日第十三届全国人民代表大会常务委员会第七次会议《关于修改〈中华人民共和国村民委员会组织法〉〈中华人民共和国城市居民委员会组织法〉的决定》修正）

目 录

第一章 总 则

第一条 为了保障农村村民实行自治，由村民依法办理自己的事情，发展农村基层民主，维护村民的合法权益，促进社会主义新农村建设，根据宪法，制定本法。

第二条 村民委员会是村民自我管理、自我教育、自我服务的基层群众性自治组织，实行民主选举、民主决策、民主管理、民主监督。

村民委员会办理本村的公共事务和公益事业，调解民间纠纷，协助维护社会治安，向人民政府反映村民的意见、要求和提出建议。

村民委员会向村民会议、村民代表会议负责并报告工作。

第三条 村民委员会根据村民居住状况、人口多少，按照便于群众自治，有利于经济发展和社会管理的原则设立。

村民委员会的设立、撤销、范围调整，由乡、民族乡、镇的人民政府提出，经村民会议讨论同意，报县级人民政府批准。

村民委员会可以根据村民居住状况、集体土地所有权关系等分设若干村民小组。

第四条 中国共产党在农村的基层组织，按照中国共产党章程进行工作，发挥领导核心作用，领导和支持村民委员会行使职权；依照宪法和法律，支持和保障村民开展自治活动、直接行使民主权利。

第五条 乡、民族乡、镇的人民政府对村民委员会的工作给予指导、支持和帮助，但是不得干预依法属于村民自治范围内的事项。

村民委员会协助乡、民族乡、镇的人民政府开展工作。

第二章 村民委员会的组成和职责

第六条 村民委员会由主任、副主任和委员共三至七人组成。

村民委员会成员中，应当有妇女成员，多民族村民居住的村应当有人数较少的民族的成员。

对村民委员会成员，根据工作情况，给予适当补贴。

第七条 村民委员会根据需要设人民调解、治安保卫、公共卫生与计划生育等委员会。村民委员会成员可以兼任下属委员会的成员。人口少的村的村民委员会可以不设下属委员会，由村民委员会成员分工负责人民调解、治安保卫、公共卫生与计划生育等工作。

第八条 村民委员会应当支持和组织村民依法发展各种形式的合作经济和其他经济，承担本村生产的服务和协调工作，促进农村生产建设和经济发展。

村民委员会依照法律规定，管理本村属于村农民集体所有的土地和其他财产，引导村民合理利用自然资源，保护和改善生态环境。

村民委员会应当尊重并支持集体经济组织依法独立进行经济活动的自主权，维护以家庭承包经营为基础、统分结合的双层经营体制，保障集体经济组织和村民、承包经营户、联户或者合伙的合法财产权和其他合法权益。

第九条 村民委员会应当宣传宪法、法律、法规和国家的政策，教育和推动村民履行法律规定的义务、爱护公共财产，维护村民的合法权益，发展文化教育，普及科技知识，促进男女平等，做好计划生育工作，促进村与村之间的团结、互助，开展多种形式的社会主义精神文明建设活动。

村民委员会应当支持服务性、公益性、互助性社会组织依法开展活动，推动农村社区建设。

多民族村民居住的村，村民委员会应当教育和引导各民族村民增进团结、互相尊重、互相帮助。

第十条 村民委员会及其成员应当遵守宪法、法律、法规和国家的政策，遵守并组织实施村民自治章程、村规民约，执行村民会议、村民代表会议的决定、决议，办事公道，廉洁奉公，热心为村民服务，接受村民监督。

第三章 村民委员会的选举

第十一条 村民委员会主任、副主任和委员，由村民直接选举产生。任何组织或者个人不得指定、委派或者撤换村民委员会成员。

村民委员会每届任期五年，届满应当及时举行换届选举。村民委员会成员可以连选连任。

第十二条 村民委员会的选举，由村民选举委员会主持。

村民选举委员会由主任和委员组成，由村民会议、村民代表会议或者各村民小组会议推选产生。

村民选举委员会成员被提名为村民委员会成员候选人，应当退出村民选举委员会。

村民选举委员会成员退出村民选举委员会或者因其他原因出缺的，按照原推选结果依次递补，也可以另行推选。

第十三条 年满十八周岁的村民，不分民族、种族、性别、职业、家庭出身、宗教信仰、教育程度、财产状况、居住期限，都有选举权和被选举权；但是，依照法律被剥夺政治权利的人除外。

村民委员会选举前，应当对下列人员进行登记，列入参加选举的村民名单：

（一）户籍在本村并且在本村居住的村民；

（二）户籍在本村，不在本村居住，本人表示参加选举的村民；

（三）户籍不在本村，在本村居住一年以上，本人申请参加选举，并且经村民会议或者村民代表会议同意参加选举的公民。

已在户籍所在村或者居住村登记参加选举的村民，不得再参加其他地方村民委员会的选举。

第十四条 登记参加选举的村民名单应当在选举日的二十日前由村民选举委员会公布。

对登记参加选举的村民名单有异议的，应当自名单公布之日起五日内向村民选举委员会申诉，村民选举委员会应当自收到申诉之日起三日内作出处理决定，并公布处理结果。

第十五条 选举村民委员会，由登记参加选举的村民直接提名候选人。村民提名候选人，应当从全体村民利益出发，推荐奉公守法、品行良好、公道正派、热心公益、具有一定文化水平和工作能力的村民为候选人。候选人的名额应当多于应选名额。村民选举委员会应当组织候选人与村民见面，由候选人介绍履行职责的设想，回答村民提出的问题。

选举村民委员会，有登记参加选举的村民过半数投票，选举有效；候选人获得参加投票的村民过半数的选票，始得当选。当选人数不足应选名额的，不足的名额另行选举。另行选举的，第一次投票未当选的人员得票多的为候选人，候选人以得票多的当选，但是所得票数不得少于已投选票总数的三分之一。

选举实行无记名投票、公开计票的方法，选举结果应当当场公布。选举时，应当设立秘密写票处。

登记参加选举的村民，选举期间外出不能参加投票的，可以书面委托本村有选举权的近亲属代为投票。村民选举委员会应当公布委托人和受委托人的名单。

具体选举办法由省、自治区、直辖市的人民代表大会常务委员会规定。

第十六条 本村五分之一以上有选举权的村民或者三分之一以上的村民代表联名，可以提出罢免村民委员会成员的要求，并说明要求罢免的理由。被提出罢免的村民委员会成员有权提出申辩意见。

罢免村民委员会成员，须有登记参加选举的村民过半数投票，并须经投票的村民过半数通过。

第十七条 以暴力、威胁、欺骗、贿赂、伪造选票、虚报选举票数等不正当手段当选村民委员会成员的，当选无效。

对以暴力、威胁、欺骗、贿赂、伪造选票、虚报选举票数等不正当手段，妨害村民行使选举权、被选举权，破坏村民委员会选举的行为，村民有权向乡、民族乡、镇的人民代表大会和人民政府或者县级人民代表大会常务委员会和人民政府及其有关主管部门举报，由乡级或者县级人民政府负责调查并依法处理。

第十八条 村民委员会成员丧失行为能力或者被判处刑罚的，其职务自行终止。

第十九条 村民委员会成员出缺，可以由村民会议或者村民代表会议进行补选。补选程序参照本法第十五条的规定办理。补选的村民委员会成员的任期到本届村民委员会任期届满时止。

第二十条 村民委员会应当自新一届村民委员会产生之日起十日内完成工作移交。工作移交由村民选举委员会主持，由乡、民族乡、镇的人民政府监督。

第四章 村民会议和村民代表会议

第二十一条 村民会议由本村十八周岁以上的村民组成。

村民会议由村民委员会召集。有十分之一以上的村民或者三分之一以上的村民代表提议，应当召集村民会议。召集村民会议，应当提前十天通知村民。

第二十二条 召开村民会议，应当有本村十八周岁以上村民的过半数，或者本村三分之二以上的户的代表参加，村民会议所作决定应当经到会人员的过半数通过。法律对召开村民会议及作出决定另有规定的，依照其规定。

召开村民会议，根据需要可以邀请驻本村的企业、事业单位和群众组织派代表列席。

第二十三条 村民会议审议村民委员会的年度工作报告，评议村民委员会成员的工作；有权撤销或者变更村民委员会不适当的决定；有权撤销或者变更村民代表会议不适当的决定。

村民会议可以授权村民代表会议审议村民委员会的年度工作报告，评议村民委员会成员的工作，撤销或者变更村民委员会不适当的决定。

第二十四条 涉及村民利益的下列事项，经村民会议讨论决定方可办理：

（一）本村享受误工补贴的人员及补贴标准；

（二）从村集体经济所得收益的使用；

（三）本村公益事业的兴办和筹资筹劳方案及建设承包方案；

（四）土地承包经营方案；

（五）村集体经济项目的立项、承包方案；

（六）宅基地的使用方案；

（七）征地补偿费的使用、分配方案；

（八）以借贷、租赁或者其他方式处分村集体财产；

（九）村民会议认为应当由村民会议讨论决定的涉及村民

利益的其他事项。

村民会议可以授权村民代表会议讨论决定前款规定的事项。

法律对讨论决定村集体经济组织财产和成员权益的事项另有规定的，依照其规定。

第二十五条 人数较多或者居住分散的村，可以设立村民代表会议，讨论决定村民会议授权的事项。村民代表会议由村民委员会成员和村民代表组成，村民代表应当占村民代表会议组成人员的五分之四以上，妇女村民代表应当占村民代表会议组成人员的三分之一以上。

村民代表由村民按每五户至十五户推选一人，或者由各村民小组推选若干人。村民代表的任期与村民委员会的任期相同。村民代表可以连选连任。

村民代表应当向其推选户或者村民小组负责，接受村民监督。

第二十六条 村民代表会议由村民委员会召集。村民代表会议每季度召开一次。有五分之一以上的村民代表提议，应当召集村民代表会议。

村民代表会议有三分之二以上的组成人员参加方可召开，所作决定应当经到会人员的过半数同意。

第二十七条 村民会议可以制定和修改村民自治章程、村规民约，并报乡、民族乡、镇的人民政府备案。

村民自治章程、村规民约以及村民会议或者村民代表会议的决定不得与宪法、法律、法规和国家的政策相抵触，不得有侵犯村民的人身权利、民主权利和合法财产权利的内容。

村民自治章程、村规民约以及村民会议或者村民代表会议的决定违反前款规定的，由乡、民族乡、镇的人民政府责令改正。

第二十八条 召开村民小组会议，应当有本村民小组十八周岁以上的村民三分之二以上，或者本村民小组三分之二以上的户的代表参加，所作决定应当经到会人员的过半数同意。

村民小组组长由村民小组会议推选。村民小组组长任期与村民委员会的任期相同，可以连选连任。

属于村民小组的集体所有的土地、企业和其他财产的经营管理以及公益事项的办理，由村民小组会议依照有关法律的规定讨论决定，所作决定及实施情况应当及时向本村民小组的村民公布。

第五章 民主管理和民主监督

第二十九条 村民委员会应当实行少数服从多数的民主决策机制和公开透明的工作原则，建立健全各种工作制度。

第三十条 村民委员会实行村务公开制度。

村民委员会应当及时公布下列事项，接受村民的监督：

（一）本法第二十三条、第二十四条规定的由村民会议、村民代表会议讨论决定的事项及其实施情况；

（二）国家计划生育政策的落实方案；

（三）政府拨付和接受社会捐赠的救灾救助、补贴补助等资金、物资的管理使用情况；

（四）村民委员会协助人民政府开展工作的情况；

（五）涉及本村村民利益，村民普遍关心的其他事项。

前款规定事项中，一般事项至少每季度公布一次；集体财务往来较多的，财务收支情况应当每月公布一次；涉及村民利益的重大事项应当随时公布。

村民委员会应当保证所公布事项的真实性，并接受村民的查询。

第三十一条 村民委员会不及时公布应当公布的事项或者公布的事项不真实的，村民有权向乡、民族乡、镇的人民政府或者县级人民政府及其有关主管部门反映，有关人民政府或者主管部门应当负责调查核实，责令依法公布；经查证确有违法行为的，有关人员应当依法承担责任。

第三十二条 村应当建立村务监督委员会或者其他形式的村务监督机构，负责村民民主理财，监督村务公开等制度的落实，其成员由村民会议或者村民代表会议在村民中推选产生，其中应有具备财会、管理知识的人员。村民委员会成员及其近亲属不得担任村务监督机构成员。村务监督机构成员向村民会议和村民代表会议负责，可以列席村民委员会会议。

第三十三条 村民委员会成员以及由村民或者村集体承担误工补贴的聘用人员，应当接受村民会议或者村民代表会议对其履行职责情况的民主评议。民主评议每年至少进行一次，由村务监督机构主持。

村民委员会成员连续两次被评议不称职的，其职务终止。

第三十四条 村民委员会和村务监督机构应当建立村务档案。村务档案包括：选举文件和选票，会议记录，土地发包方案和承包合同，经济合同，集体财务账目，集体资产登记文件，公益设施基本资料，基本建设资料，宅基地使用方案，征地补偿费使用及分配方案等。村务档案应当真实、准确、完整、规范。

第三十五条 村民委员会成员实行任期和离任经济责任审计，审计包括下列事项：

（一）本村财务收支情况；

（二）本村债权债务情况；

（三）政府拨付和接受社会捐赠的资金、物资管理使用情况；

（四）本村生产经营和建设项目的发包管理以及公益事业建设项目招标投标情况；

（五）本村资金管理使用以及本村集体资产、资源的承包、租赁、担保、出让情况，征地补偿费的使用、分配情况；

（六）本村五分之一以上的村民要求审计的其他事项。

村民委员会成员的任期和离任经济责任审计，由县级人民政府农业部门、财政部门或者乡、民族乡、镇的人民政府负责组织，审计结果应当公布，其中离任经济责任审计结果应当在下一届村民委员会选举之前公布。

第三十六条 村民委员会或者村民委员会成员作出的决定侵害村民合法权益的，受侵害的村民可以申请人民法院予以撤销，责任人依法承担法律责任。

村民委员会不依照法律、法规的规定履行法定义务的，由乡、民族乡、镇的人民政府责令改正。

乡、民族乡、镇的人民政府干预依法属于村民自治范围事项的，由上一级人民政府责令改正。

第六章 附 则

第三十七条 人民政府对村民委员会协助政府开展工作应当提供必要的条件；人民政府有关部门委托村民委员会开展工作需要经费的，由委托部门承担。

村民委员会办理本村公益事业所需的经费，由村民会议通过筹资筹劳解决；经费确有困难的，由地方人民政府给予适当支持。

第三十八条　驻在农村的机关、团体、部队、国有及国有控股企业、事业单位及其人员不参加村民委员会组织，但应当通过多种形式参与农村社区建设，并遵守有关村规民约。

村民委员会、村民会议或者村民代表会议讨论决定与前款规定的单位有关的事项，应当与其协商。

第三十九条　地方各级人民代表大会和县级以上地方各级人民代表大会常务委员会在本行政区域内保证本法的实施，保障村民依法行使自治权利。

第四十条　省、自治区、直辖市的人民代表大会常务委员会根据本法，结合本行政区域的实际情况，制定实施办法。

第四十一条　本法自公布之日起施行。

附 5：《农村土地经营权流转管理办法》

农村土地经营权流转管理办法

（2021 年 1 月 26 日农业农村部令 2021 年第 1 号公布　自 2021 年 3 月 1 日起施行）

第一章　总　则

第一条　为了规范农村土地经营权（以下简称土地经营权）流转行为，保障流转当事人合法权益，加快农业农村现代化，维护农村社会和谐稳定，根据《中华人民共和国农村土地承包法》等法律及有关规定，制定本办法。

第二条　土地经营权流转应当坚持农村土地农民集体所有、农户家庭承包经营的基本制度，保持农村土地承包关系稳定并长久不变，遵循依法、自愿、有偿原则，任何组织和个人不得强迫或者阻碍承包方流转土地经营权。

第三条　土地经营权流转不得损害农村集体经济组织和利害关系人的合法权益，不得破坏农业综合生产能力和农业生态环境，不得改变承包土地的所有权性质及其农业用途，确保农地农用，优先用于粮食生产，制止耕地"非农化"、防止耕地"非粮化"。

第四条　土地经营权流转应当因地制宜、循序渐进，把握好流转、集中、规模经营的度，流转规模应当与城镇化进程和农村劳动力转移规模相适应，与农业科技进步和生产手段改进程度相适应，与农业社会化服务水平提高相适应，鼓励各地建立多种形式的土地经营权流转风险防范和保障机制。

第五条　农业农村部负责全国土地经营权流转及流转合同管理的指导。

县级以上地方人民政府农业农村主管（农村经营管理）部门依照职责，负责本行政区域内土地经营权流转及流转合同管理。

乡（镇）人民政府负责本行政区域内土地经营权流转及流转合同管理。

第二章　流转当事人

第六条　承包方在承包期限内有权依法自主决定土地经营权是否流转，以及流转对象、方式、期限等。

第七条　土地经营权流转收益归承包方所有，任何组织和个人不得擅自截留、扣缴。

第八条　承包方自愿委托发包方、中介组织或者他人流转其土地经营权的，应当由承包方出具流转委托书。委托书应当载明委托的事项、权限和期限等，并由委托人和受托人签字或者盖章。

没有承包方的书面委托，任何组织和个人无权以任何方式决定流转承包方的土地经营权。

第九条　土地经营权流转的受让方应当为具有农业经营能力或者资质的组织和个人。在同等条件下，本集体经济组织成员享有优先权。

第十条　土地经营权流转的方式、期限、价款和具体条件，由流转双方平等协商确定。流转期限届满后，受让方享有以同等条件优先续约的权利。

第十一条 受让方应当依照有关法律法规保护土地，禁止改变土地的农业用途。禁止闲置、荒芜耕地，禁止占用耕地建窑、建坟或者擅自在耕地上建房、挖砂、采石、采矿、取土等。禁止占用永久基本农田发展林果业和挖塘养鱼。

第十二条 受让方将流转取得的土地经营权再流转以及向金融机构融资担保的，应当事先取得承包方书面同意，并向发包方备案。

第十三条 经承包方同意，受让方依法投资改良土壤，建设农业生产附属、配套设施，及农业生产中直接用于作物种植和畜禽水产养殖设施的，土地经营权流转合同到期或者未到期由承包方依法提前收回承包土地时，受让方有权获得合理补偿。具体补偿办法可在土地经营权流转合同中约定或者由双方协商确定。

第三章 流转方式

第十四条 承包方可以采取出租（转包）、入股或者其他符合有关法律和国家政策规定的方式流转土地经营权。

出租（转包），是指承包方将部分或者全部土地经营权，租赁给他人从事农业生产经营。

入股，是指承包方将部分或者全部土地经营权作价出资，成为公司、合作经济组织等股东或者成员，并用于农业生产经营。

第十五条 承包方依法采取出租（转包）、入股或者其他方式将土地经营权部分或者全部流转的，承包方与发包方的承包关系不变，双方享有的权利和承担的义务不变。

第十六条 承包方自愿将土地经营权入股公司发展农业产业化经营的，可以采取优先股等方式降低承包方风险。公司解散时入股土地应当退回原承包方。

第四章 流转合同

第十七条 承包方流转土地经营权，应当与受让方在协商一致的基础上签订书面流转合同，并向发包方备案。

承包方将土地交由他人代耕不超过一年的，可以不签订书面合同。

第十八条 承包方委托发包方、中介组织或者他人流转土地经营权的，流转合同应当由承包方或者其书面委托的受托人签订。

第十九条 土地经营权流转合同一般包括以下内容：

（一）双方当事人的姓名或者名称、住所、联系方式等；

（二）流转土地的名称、四至、面积、质量等级、土地类型、地块代码等；

（三）流转的期限和起止日期；

（四）流转方式；

（五）流转土地的用途；

（六）双方当事人的权利和义务；

（七）流转价款或者股份分红，以及支付方式和支付时间；

（八）合同到期后地上附着物及相关设施的处理；

（九）土地被依法征收、征用、占用时有关补偿费的归属；

（十）违约责任。

土地经营权流转合同示范文本由农业农村部制定。

第二十条 承包方不得单方解除土地经营权流转合同，但受让方有下列情形之一的除外：

（一）擅自改变土地的农业用途；

（二）弃耕抛荒连续两年以上；

（三）给土地造成严重损害或者严重破坏土地生态环境；

（四）其他严重违约行为。

有以上情形，承包方在合理期限内不解除土地经营权流转合同的，发包方有权要求终止土地经营权流转合同。

受让方对土地和土地生态环境造成的损害应当依法予以赔偿。

第五章 流转管理

第二十一条 发包方对承包方流转土地经营权、受让方再流转土地经营权以及承包方、受让方利用土地经营权融资担保的，应当办理备案，并报告乡（镇）人民政府农村土地承包管理部门。

第二十二条 乡（镇）人民政府农村土地承包管理部门应当向达成流转意向的双方提供统一文本格式的流转合同，并指导签订。流转合同中有违反法律法规的，应当及时予以纠正。

第二十三条 乡（镇）人民政府农村土地承包管理部门应当建立土地经营权流转台账，及时准确记载流转情况。

第二十四条 乡（镇）人民政府农村土地承包管理部门应当对土地经营权流转有关文件、资料及流转合同等进行归档并妥善保管。

第二十五条 鼓励各地建立土地经营权流转市场或者农村产权交易市场。县级以上地方人民政府农业农村主管（农村经营管理）部门应当加强业务指导，督促其建立健全运行规则，规范开展土地经营权流转政策咨询、信息发布、合同签订、交易鉴证、权益评估、融资担保、档案管理等服务。

第二十六条 县级以上地方人民政府农业农村主管（农村经营管理）部门应当按照统一标准和技术规范建立国家、省、市、县等互联互通的农村土地承包信息应用平台，健全土地经营权流转合同网签制度，提升土地经营权流转规范化、信息化管理水平。

第二十七条 县级以上地方人民政府农业农村主管（农村经营管理）部门应当加强对乡（镇）人民政府农村土地承包管理部门工作的指导。乡（镇）人民政府农村土地承包管理部门应当依法开展土地经营权流转的指导和管理工作。

第二十八条 县级以上地方人民政府农业农村主管（农村经营管理）部门应当加强服务，鼓励受让方发展粮食生产；鼓励和引导工商企业等社会资本（包括法人、非法人组织或者自然人等）发展适合企业化经营的现代种养业。

县级以上地方人民政府农业农村主管（农村经营管理）部门应当根据自然经济条件、农村劳动力转移情况、农业机械化水平等因素，引导受让方发展适度规模经营，防止垒大户。

第二十九条 县级以上地方人民政府对工商企业等社会资本流转土地经营权，依法建立分级资格审查和项目审核制度。审查审核的一般程序如下：

（一）受让主体与承包方就流转面积、期限、价款等进行协商并签订流转意向协议书。涉及未承包到户集体土地等集体资源的，应当按照法定程序经本集体经济组织成员的村民会议三分之二以上成员或者三分之二以上村民代表的同意，并与集体经济组织签订流转意向协议书。

（二）受让主体按照分级审查审核规定，分别向乡（镇）

人民政府农村土地承包管理部门或者县级以上地方人民政府农业农村主管（农村经营管理）部门提出申请，并提交流转意向协议书、农业经营能力或者资质证明、流转项目规划等相关材料。

（三）县级以上地方人民政府或者乡（镇）人民政府应当依法组织相关职能部门、农村集体经济组织代表、农民代表、专家等就土地用途、受让主体农业经营能力，以及经营项目是否符合粮食生产等产业规划等进行审查审核，并于受理之日起20个工作日内作出审查审核意见。

（四）审查审核通过的，受让主体与承包方签订土地经营权流转合同。未按规定提交审查审核申请或者审查审核未通过的，不得开展土地经营权流转活动。

第三十条　县级以上地方人民政府依法建立工商企业等社会资本通过流转取得土地经营权的风险防范制度，加强事中事后监管，及时查处纠正违法违规行为。

鼓励承包方和受让方在土地经营权流转市场或者农村产权交易市场公开交易。

对整村（组）土地经营权流转面积较大、涉及农户较多、经营风险较高的项目，流转双方可以协商设立风险保障金。

鼓励保险机构为土地经营权流转提供流转履约保证保险等多种形式保险服务。

第三十一条　农村集体经济组织为工商企业等社会资本流转土地经营权提供服务的，可以收取适量管理费用。收取管理费用的金额和方式应当由农村集体经济组织、承包方和工商企业等社会资本三方协商确定。管理费用应当纳入农村集体经济组织会计核算和财务管理，主要用于农田基本建设或者其他公益性支出。

第三十二条 县级以上地方人民政府可以根据本办法，结合本行政区域实际，制定工商企业等社会资本通过流转取得土地经营权的资格审查、项目审核和风险防范实施细则。

第三十三条 土地经营权流转发生争议或者纠纷的，当事人可以协商解决，也可以请求村民委员会、乡（镇）人民政府等进行调解。

当事人不愿意协商、调解或者协商、调解不成的，可以向农村土地承包仲裁机构申请仲裁，也可以直接向人民法院提起诉讼。

第六章 附 则

第三十四条 本办法所称农村土地，是指除林地、草地以外的，农民集体所有和国家所有依法由农民集体使用的耕地和其他用于农业的土地。

本办法所称农村土地经营权流转，是指在承包方与发包方承包关系保持不变的前提下，承包方依法在一定期限内将土地经营权部分或者全部交由他人自主开展农业生产经营的行为。

第三十五条 通过招标、拍卖和公开协商等方式承包荒山、荒沟、荒丘、荒滩等农村土地，经依法登记取得权属证书的，可以流转土地经营权，其流转管理参照本办法执行。

第三十六条 本办法自2021年3月1日起施行。农业部2005年1月19日发布的《农村土地承包经营权流转管理办法》（农业部令第47号）同时废止。

附6：《农村土地承包合同管理办法》

农村土地承包合同管理办法

第一章 总 则

第一条 为了规范农村土地承包合同的管理，维护承包合同当事人的合法权益，维护农村社会和谐稳定，根据《中华人民共和国农村土地承包法》等法律及有关规定，制定本办法。

第二条 农村土地承包经营应当巩固和完善以家庭承包经营为基础、统分结合的双层经营体制，保持农村土地承包关系稳定并长久不变。农村土地承包经营，不得改变土地的所有权性质。

第三条 农村土地承包经营应当依法签订承包合同。土地承包经营权自承包合同生效时设立。

承包合同订立、变更和终止的，应当开展土地承包经营权调查。

第四条 农村土地承包合同管理应当遵守法律、法规，保护土地资源的合理开发和可持续利用，依法落实耕地利用优先序。发包方和承包方应当依法履行保护农村土地的义务。

第五条 农村土地承包合同管理应当充分维护农民的财产权益，任何组织和个人不得剥夺和非法限制农村集体经济组织成员承包土地的权利。妇女与男子享有平等的承包农村土地的权利。

承包方承包土地后，享有土地承包经营权，可以自己经营，也可以保留土地承包权，流转其承包地的土地经营权，由他人经营。

第六条　农业农村部负责全国农村土地承包合同管理的指导。

县级以上地方人民政府农业农村主管（农村经营管理）部门负责本行政区域内农村土地承包合同管理。

乡（镇）人民政府负责本行政区域内农村土地承包合同管理。

第二章　承包方案

第七条　本集体经济组织成员的村民会议依法选举产生的承包工作小组，应当依照法律、法规的规定拟订承包方案，并在本集体经济组织范围内公示不少于十五日。

承包方案应当依法经本集体经济组织成员的村民会议三分之二以上成员或者三分之二以上村民代表的同意。

承包方案由承包工作小组公开组织实施。

第八条　承包方案应当符合下列要求：

（一）内容合法；

（二）程序规范；

（三）保障农村集体经济组织成员合法权益；

（四）不得违法收回、调整承包地；

（五）法律、法规和规章规定的其他要求。

第九条　县级以上地方人民政府农业农村主管（农村经营管理）部门、乡（镇）人民政府农村土地承包管理部门应当指导制定承包方案，并对承包方案的实施进行监督，发现问题的，应当及时予以纠正。

第三章 承包合同的订立、变更和终止

第十条 承包合同应当符合下列要求：

（一）文本规范；

（二）内容合法；

（三）双方当事人签名、盖章或者按指印；

（四）法律、法规和规章规定的其他要求。

县级以上地方人民政府农业农村主管（农村经营管理）部门、乡（镇）人民政府农村土地承包管理部门应当依法指导发包方和承包方订立、变更或者终止承包合同，并对承包合同实施监督，发现不符合前款要求的，应当及时通知发包方更正。

第十一条 发包方和承包方应当采取书面形式签订承包合同。

承包合同一般包括以下条款：

（一）发包方、承包方的名称，发包方负责人和承包方代表的姓名、住所；

（二）承包土地的名称、坐落、面积、质量等级；

（三）承包方家庭成员信息；

（四）承包期限和起止日期；

（五）承包土地的用途；

（六）发包方和承包方的权利和义务；

（七）违约责任。

承包合同示范文本由农业农村部制定。

第十二条 承包合同自双方当事人签名、盖章或者按指印时成立。

第十三条 承包期内，出现下列情形之一的，承包合同变更：

（一）承包方依法分立或者合并的；

（二）发包方依法调整承包地的；

（三）承包方自愿交回部分承包地的；

（四）土地承包经营权互换的；

（五）土地承包经营权部分转让的；

（六）承包地被部分征收的；

（七）法律、法规和规章规定的其他情形。

承包合同变更的，变更后的承包期限不得超过承包期的剩余期限。

第十四条 承包期内，出现下列情形之一的，承包合同终止：

（一）承包方消亡的；

（二）承包方自愿交回全部承包地的；

（三）土地承包经营权全部转让的；

（四）承包地被全部征收的；

（五）法律、法规和规章规定的其他情形。

第十五条 承包地被征收、发包方依法调整承包地或者承包方消亡的，发包方应当变更或者终止承包合同。

除前款规定的情形外，承包合同变更、终止的，承包方向发包方提出申请，并提交以下材料：

（一）变更、终止承包合同的书面申请；

（二）原承包合同；

（三）承包方分立或者合并的协议，交回承包地的书面通知或者协议，土地承包经营权互换合同、转让合同等其他相关证明材料；

（四）具有土地承包经营权的全部家庭成员同意变更、终止承包合同的书面材料；

（五）法律、法规和规章规定的其他材料。

第十六条 省级人民政府农业农村主管部门可以根据本行政区域实际依法制定承包方分立、合并、消亡而导致承包合同变更、终止的具体规定。

第十七条 承包期内，因自然灾害严重毁损承包地等特殊情形对个别农户之间承包地需要适当调整的，发包方应当制定承包地调整方案，并应当经本集体经济组织成员的村民会议三分之二以上成员或者三分之二以上村民代表的同意。承包合同中约定不得调整的，按照其约定。

调整方案通过之日起二十个工作日内，发包方应当将调整方案报乡（镇）人民政府和县级人民政府农业农村主管（农村经营管理）部门批准。

乡（镇）人民政府应当于二十个工作日内完成调整方案的审批，并报县级人民政府农业农村主管（农村经营管理）部门；县级人民政府农业农村主管（农村经营管理）部门应当于二十个工作日内完成调整方案的审批。乡（镇）人民政府、县级人民政府农业农村主管（农村经营管理）部门对违反法律、法规和规章规定的调整方案，应当及时通知发包方予以更正，并重新申请批准。

调整方案未经乡（镇）人民政府和县级人民政府农业农村主管（农村经营管理）部门批准的，发包方不得调整承包地。

第十八条 承包方自愿将部分或者全部承包地交回发包方的，承包方与发包方在该土地上的承包关系终止，承包期内其土地承包经营权部分或者全部消灭，并不得再要求承包土地。

承包方自愿交回承包地的，应当提前半年以书面形式通知发包方。承包方对其在承包地上投入而提高土地生产能力的，有权获得相应的补偿。交回承包地的其他补偿，由发包方和承包方协商确定。

第十九条 为了方便耕种或者各自需要，承包方之间可以互换属于同一集体经济组织的不同承包地块的土地承包经营权。

土地承包经营权互换的，应当签订书面合同，并向发包方备案。

承包方提交备案的互换合同，应当符合下列要求：

（一）互换双方是属于同一集体经济组织的农户；

（二）互换后的承包期限不超过承包期的剩余期限；

（三）法律、法规和规章规定的其他事项。

互换合同备案后，互换双方应当与发包方变更承包合同。

第二十条 经承包方申请和发包方同意，承包方可以将部分或者全部土地承包经营权转让给本集体经济组织的其他农户。

承包方转让土地承包经营权的，应当以书面形式向发包方提交申请。发包方同意转让的，承包方与受让方应当签订书面合同；发包方不同意转让的，应当于七日内向承包方书面说明理由。发包方无法定理由的，不得拒绝同意承包方的转让申请。未经发包方同意的，土地承包经营权转让合同无效。

土地承包经营权转让合同，应当符合下列要求：

（一）受让方是本集体经济组织的农户；

（二）转让后的承包期限不超过承包期的剩余期限；

（三）法律、法规和规章规定的其他事项。

土地承包经营权转让后，受让方应当与发包方签订承包合同。原承包方与发包方在该土地上的承包关系终止，承包期内其土地承包经营权部分或者全部消灭，并不得再要求承包土地。

第四章 承包档案和信息管理

第二十一条 承包合同管理工作中形成的，对国家、社会和个人有保存价值的文字、图表、声像、数据等各种形式和载体的材料，应当纳入农村土地承包档案管理。

县级以上地方人民政府农业农村主管（农村经营管理）部门、乡（镇）人民政府农村土地承包管理部门应当制定工作方案、健全档案工作管理制度、落实专项经费、指定工作人员、配备必要设施设备，确保农村土地承包档案完整与安全。

发包方应当将农村土地承包档案纳入村级档案管理。

第二十二条 承包合同管理工作中产生、使用和保管的数据，包括承包地权属数据、地理信息数据和其他相关数据等，应当纳入农村土地承包数据管理。

县级以上地方人民政府农业农村主管（农村经营管理）部门负责本行政区域内农村土地承包数据的管理，组织开展数据采集、使用、更新、保管和保密等工作，并向上级业务主管部门提交数据。

鼓励县级以上地方人民政府农业农村主管（农村经营管理）部门通过数据交换接口、数据抄送等方式与相关部门和机构实现承包合同数据互通共享，并明确使用、保管和保密责任。

第二十三条 县级以上地方人民政府农业农村主管（农村经营管理）部门应当加强农村土地承包合同管理信息化建设，按照统一标准和技术规范建立国家、省、市、县等互联互通的农村土地承包信息应用平台。

第二十四条 县级以上地方人民政府农业农村主管（农村经营管理）部门、乡（镇）人民政府农村土地承包管理部门应当利用农村土地承包信息应用平台，组织开展承包合同网签。

第二十五条 承包方、利害关系人有权依法查询、复制农村土地承包档案和农村土地承包数据的相关资料，发包方、乡（镇）人民政府农村土地承包管理部门、县级以上地方人民政府农业农村主管（农村经营管理）部门应当依法提供。

第五章 土地承包经营权调查

第二十六条 土地承包经营权调查，应当查清发包方、承包方的名称，发包方负责人和承包方代表的姓名、身份证号码、住所，承包方家庭成员，承包地块的名称、坐落、面积、质量等级、土地用途等信息。

第二十七条 土地承包经营权调查应当按照农村土地承包经营权调查规程实施，一般包括准备工作、权属调查、地块测量、审核公示、勘误修正、结果确认、信息入库、成果归档等。

农村土地承包经营权调查规程由农业农村部制定。

第二十八条 土地承包经营权调查的成果，应当符合农村土地承包经营权调查规程的质量要求，并纳入农村土地承包信息应用平台统一管理。

第二十九条 县级以上地方人民政府农业农村主管（农村经营管理）部门、乡（镇）人民政府农村土地承包管理部门依法组织开展本行政区域内的土地承包经营权调查。

土地承包经营权调查可以依法聘请具有相应资质的单位开展。

第六章 法律责任

第三十条 国家机关及其工作人员利用职权干涉承包合同的订立、变更、终止，给承包方造成损失的，应当依法承担损害赔偿等责任；情节严重的，由上级机关或者所在单位给予直接责任人员处分；构成犯罪的，依法追究刑事责任。

第三十一条 土地承包经营权调查、农村土地承包档案管理、农村土地承包数据管理和使用过程中发生的违法行为，根据相关法律法规的规定予以处罚；构成犯罪的，依法追究刑事责任。

第七章 附 则

第三十二条 本办法所称农村土地，是指除林地、草地以外的，农民集体所有和国家所有依法由农民集体使用的耕地和其他依法用于农业的土地。

本办法所称承包合同，是指在家庭承包方式中，发包方和承包方依法签订的土地承包经营权合同。

第三十三条 本办法施行以前依法签订的承包合同继续有效。

第三十四条 本办法自 2023 年 5 月 1 日起施行。农业部 2003 年 11 月 14 日发布的《中华人民共和国农村土地承包经营权证管理办法》（农业部令第 33 号）同时废止。

附 7：《中华人民共和国农村集体经济组织法》

中华人民共和国农村集体经济组织法

（2024年6月28日第十四届全国人民代表大会常务委员会第十次会议通过）

目 录

第一章 总 则

第一条 为了维护农村集体经济组织及其成员的合法权益，规范农村集体经济组织及其运行管理，促进新型农村集体经济高质量发展，巩固和完善农村基本经营制度和社会主义基本经济制度，推进乡村全面振兴，加快建设农业强国，促进共同富裕，根据宪法，制定本法。

第二条 本法所称农村集体经济组织，是指以土地集体所有为基础，依法代表成员集体行使所有权，实行家庭承包经营为基础、统分结合双层经营体制的区域性经济组织，包括乡镇级农村集体经济组织、村级农村集体经济组织、组级农村集体经济组织。

第三条 农村集体经济组织是发展壮大新型农村集体经济、巩固社会主义公有制、促进共同富裕的重要主体，是健全乡村治理体系、实现乡村善治的重要力量，是提升中国共产党农村基层组织凝聚力、巩固党在农村执政根基的重要保障。

第四条 农村集体经济组织应当坚持以下原则：

（一）坚持中国共产党的领导，在乡镇党委、街道党工委和村党组织的领导下依法履职；

（二）坚持社会主义集体所有制，维护集体及其成员的合法权益；

（三）坚持民主管理，农村集体经济组织成员依照法律法规和农村集体经济组织章程平等享有权利、承担义务；

（四）坚持按劳分配为主体、多种分配方式并存，促进农村共同富裕。

第五条 农村集体经济组织依法代表成员集体行使所有权，履行下列职能：

（一）发包农村土地；

（二）办理农村宅基地申请、使用事项；

（三）合理开发利用和保护耕地、林地、草地等土地资源并进行监督；

（四）使用集体经营性建设用地或者通过出让、出租等方式交由单位、个人使用；

（五）组织开展集体财产经营、管理；

（六）决定集体出资的企业所有权变动；

（七）分配、使用集体收益；

（八）分配、使用集体土地被征收征用的土地补偿费等；

（九）为成员的生产经营提供技术、信息等服务；

（十）支持和配合村民委员会在村党组织领导下开展村民自治；

（十一）支持农村其他经济组织、社会组织依法发挥作用；

（十二）法律法规和农村集体经济组织章程规定的其他职能。

第六条 农村集体经济组织依照本法登记，取得特别法人资格，依法从事与其履行职能相适应的民事活动。

农村集体经济组织不适用有关破产法律的规定。

农村集体经济组织可以依法出资设立或者参与设立公司、农民专业合作社等市场主体，以其出资为限对其设立或者参与设立的市场主体的债务承担责任。

第七条 农村集体经济组织从事经营管理和服务活动，应当遵守法律法规，遵守社会公德、商业道德，诚实守信，承担社会责任。

第八条 国家保护农村集体经济组织及其成员的合法权益，任何组织和个人不得侵犯。

农村集体经济组织成员集体所有的财产受法律保护，任何组织和个人不得侵占、挪用、截留、哄抢、私分、破坏。

妇女享有与男子平等的权利，不得以妇女未婚、结婚、离婚、丧偶、户无男性等为由，侵害妇女在农村集体经济组织中的各项权益。

第九条 国家通过财政、税收、金融、土地、人才以及产业政策等扶持措施，促进农村集体经济组织发展，壮大新型农村集体经济。

国家鼓励和支持机关、企事业单位、社会团体等组织和个人为农村集体经济组织提供帮助和服务。

对发展农村集体经济组织事业做出突出贡献的组织和个人，按照国家规定给予表彰和奖励。

第十条 国务院农业农村主管部门负责指导全国农村集体经济组织的建设和发展。国务院其他有关部门在各自职责范围内负责有关的工作。

县级以上地方人民政府农业农村主管部门负责本行政区域内农村集体经济组织的登记管理、运行监督指导以及承包地、宅基地等集体财产管理和产权流转交易等的监督指导。县级以上地方人民政府其他有关部门在各自职责范围内负责有关的工作。

乡镇人民政府、街道办事处负责本行政区域内农村集体经济组织的监督管理等。

县级以上人民政府农业农村主管部门应当会同有关部门加强对农村集体经济组织工作的综合协调，指导、协调、扶持、推动农村集体经济组织的建设和发展。

地方各级人民政府和县级以上人民政府农业农村主管部门应当采取措施，建立健全集体财产监督管理服务体系，加强基层队伍建设，配备与集体财产监督管理工作相适应的专业人员。

第二章 成 员

第十一条 户籍在或者曾经在农村集体经济组织并与农村

集体经济组织形成稳定的权利义务关系，以农村集体经济组织成员集体所有的土地等财产为基本生活保障的居民，为农村集体经济组织成员。

第十二条　农村集体经济组织通过成员大会，依据前条规定确认农村集体经济组织成员。

对因成员生育而增加的人员，农村集体经济组织应当确认为农村集体经济组织成员。对因成员结婚、收养或者因政策性移民而增加的人员，农村集体经济组织一般应当确认为农村集体经济组织成员。

确认农村集体经济组织成员，不得违反本法和其他法律法规的规定。

农村集体经济组织应当制作或者变更成员名册。成员名册应当报乡镇人民政府、街道办事处和县级人民政府农业农村主管部门备案。

省、自治区、直辖市人民代表大会及其常务委员会可以根据本法，结合本行政区域实际情况，对农村集体经济组织的成员确认作出具体规定。

第十三条　农村集体经济组织成员享有下列权利：

（一）依照法律法规和农村集体经济组织章程选举和被选举为成员代表、理事会成员、监事会成员或者监事；

（二）依照法律法规和农村集体经济组织章程参加成员大会、成员代表大会，参与表决决定农村集体经济组织重大事项和重要事务；

（三）查阅、复制农村集体经济组织财务会计报告、会议记录等资料，了解有关情况；

（四）监督农村集体经济组织的生产经营管理活动和集体收益的分配、使用，并提出意见和建议；

（五）依法承包农村集体经济组织发包的农村土地；

（六）依法申请取得宅基地使用权；

（七）参与分配集体收益；

（八）集体土地被征收征用时参与分配土地补偿费等；

（九）享受农村集体经济组织提供的服务和福利；

（十）法律法规和农村集体经济组织章程规定的其他权利。

第十四条 农村集体经济组织成员履行下列义务：

（一）遵守法律法规和农村集体经济组织章程；

（二）执行农村集体经济组织依照法律法规和农村集体经济组织章程作出的决定；

（三）维护农村集体经济组织合法权益；

（四）合理利用和保护集体土地等资源；

（五）参与、支持农村集体经济组织的生产经营管理活动和公益活动；

（六）法律法规和农村集体经济组织章程规定的其他义务。

第十五条 非农村集体经济组织成员长期在农村集体经济组织工作，对集体做出贡献的，经农村集体经济组织成员大会全体成员四分之三以上同意，可以享有本法第十三条第七项、第九项、第十项规定的权利。

第十六条 农村集体经济组织成员提出书面申请并经农村集体经济组织同意的，可以自愿退出农村集体经济组织。农村集体经济组织成员自愿退出的，可以与农村集体经济组织协商获得适当补偿或者在一定期限内保留其已经享有的财产权益，但是不得要求分割集体财产。

第十七条 有下列情形之一的，丧失农村集体经济组织成员身份：

（一）死亡；

（二）丧失中华人民共和国国籍；

（三）已经取得其他农村集体经济组织成员身份；

（四）已经成为公务员，但是聘任制公务员除外；

（五）法律法规和农村集体经济组织章程规定的其他情形。

因前款第三项、第四项情形而丧失农村集体经济组织成员身份的，依照法律法规、国家有关规定和农村集体经济组织章程，经与农村集体经济组织协商，可以在一定期限内保留其已经享有的相关权益。

第十八条 农村集体经济组织成员不因就学、服役、务工、经商、离婚、丧偶、服刑等原因而丧失农村集体经济组织成员身份。

农村集体经济组织成员结婚，未取得其他农村集体经济组织成员身份的，原农村集体经济组织不得取消其成员身份。

第三章 组织登记

第十九条 农村集体经济组织应当具备下列条件：

（一）有符合本法规定的成员；

（二）有符合本法规定的集体财产；

（三）有符合本法规定的农村集体经济组织章程；

（四）有符合本法规定的名称和住所；

（五）有符合本法规定的组织机构。

符合前款规定条件的村一般应当设立农村集体经济组织，村民小组可以根据情况设立农村集体经济组织；乡镇确有需要的，可以设立农村集体经济组织。

设立农村集体经济组织不得改变集体土地所有权。

第二十条 农村集体经济组织章程应当载明下列事项：

（一）农村集体经济组织的名称、法定代表人、住所和财产范围；

（二）农村集体经济组织成员确认规则和程序；

（三）农村集体经济组织的机构；

（四）集体财产经营和财务管理；

（五）集体经营性财产收益权的量化与分配；

（六）农村集体经济组织的变更和注销；

（七）需要载明的其他事项。

农村集体经济组织章程应当报乡镇人民政府、街道办事处和县级人民政府农业农村主管部门备案。

国务院农业农村主管部门根据本法和其他有关法律法规制定农村集体经济组织示范章程。

第二十一条 农村集体经济组织的名称中应当标明"集体经济组织"字样，以及所在县、不设区的市、市辖区、乡、民族乡、镇、村或者组的名称。

农村集体经济组织以其主要办事机构所在地为住所。

第二十二条 农村集体经济组织成员大会表决通过本农村集体经济组织章程、确认本农村集体经济组织成员、选举本农村集体经济组织理事会成员、监事会成员或者监事后，应当及时向县级以上地方人民政府农业农村主管部门申请登记，取得农村集体经济组织登记证书。

农村集体经济组织登记办法由国务院农业农村主管部门制定。

第二十三条 农村集体经济组织合并的，应当在清产核资的基础上编制资产负债表和财产清单。

农村集体经济组织合并的，应当由各自的成员大会形成决定，经乡镇人民政府、街道办事处审核后，报县级以上地方人民政府批准。

农村集体经济组织应当在获得批准合并之日起十日内通知债权人，债权人可以要求农村集体经济组织清偿债务或者提供相应担保。

合并各方的债权债务由合并后的农村集体经济组织承继。

第二十四条 农村集体经济组织分立的，应当在清产核资的基础上分配财产、分解债权债务。

农村集体经济组织分立的，应当由成员大会形成决定，经乡镇人民政府、街道办事处审核后，报县级以上地方人民政府批准。

农村集体经济组织应当在获得批准分立之日起十日内通知债权人。

农村集体经济组织分立前的债权债务，由分立后的农村集体经济组织享有连带债权，承担连带债务，但是农村集体经济组织分立时已经与债权人或者债务人达成清偿债务的书面协议的，从其约定。

第二十五条 农村集体经济组织合并、分立或者登记事项变动的，应当办理变更登记。

农村集体经济组织因合并、分立等原因需要解散的，依法办理注销登记后终止。

第四章 组织机构

第二十六条 农村集体经济组织成员大会由具有完全民事行为能力的全体成员组成，是本农村集体经济组织的权力机构，依法行使下列职权：

（一）制定、修改农村集体经济组织章程；

（二）制定、修改农村集体经济组织内部管理制度；

（三）确认农村集体经济组织成员；

（四）选举、罢免农村集体经济组织理事会成员、监事会成员或者监事；

（五）审议农村集体经济组织理事会、监事会或者监事的工作报告；

（六）决定农村集体经济组织理事会成员、监事会成员或者监事的报酬及主要经营管理人员的聘任、解聘和报酬；

（七）批准农村集体经济组织的集体经济发展规划、业务经营计划、年度财务预决算、收益分配方案；

（八）对农村土地承包、宅基地使用和集体经营性财产收益权份额量化方案等事项作出决定；

（九）对集体经营性建设用地使用、出让、出租方案等事项作出决定；

（十）决定土地补偿费等的分配、使用办法；

（十一）决定投资等重大事项；

（十二）决定农村集体经济组织合并、分立等重大事项；

（十三）法律法规和农村集体经济组织章程规定的其他职权。

需由成员大会审议决定的重要事项，应当先经乡镇党委、街道党工委或者村党组织研究讨论。

第二十七条 农村集体经济组织召开成员大会，应当将会议召开的时间、地点和审议的事项于会议召开十日前通知全体成员，有三分之二以上具有完全民事行为能力的成员参加。成员无法在现场参加会议的，可以通过即时通讯工具在线参加会议，或者书面委托本农村集体经济组织同一户内具有完全民事行为能力的其他家庭成员代为参加会议。

成员大会每年至少召开一次，并由理事会召集，由理事长、副理事长或者理事长指定的成员主持。

成员大会实行一人一票的表决方式。成员大会作出决定，应当经本农村集体经济组织成员大会全体成员三分之二以上同意，本法或者其他法律法规、农村集体经济组织章程有更严格规定的，从其规定。

第二十八条 农村集体经济组织成员较多的，可以按照农村集体经济组织章程规定设立成员代表大会。

设立成员代表大会的，一般每五户至十五户选举代表一人，代表人数应当多于二十人，并且有适当数量的妇女代表。

成员代表的任期为五年，可以连选连任。

成员代表大会按照农村集体经济组织章程规定行使本法第二十六条第一款规定的成员大会部分职权，但是第一项、第三项、第八项、第十项、第十二项规定的职权除外。成员代表大会实行一人一票的表决方式。成员代表大会作出决定，应当经全体成员代表三分之二以上同意。

第二十九条 农村集体经济组织设理事会，一般由三至七名单数成员组成。理事会设理事长一名，可以设副理事长。理事长、副理事长、理事的产生办法由农村集体经济组织章程规定。理事会成员之间应当实行近亲属回避。理事会成员的任期为五年，可以连选连任。

理事长是农村集体经济组织的法定代表人。

乡镇党委、街道党工委或者村党组织可以提名推荐农村集体经济组织理事会成员候选人，党组织负责人可以通过法定程序担任农村集体经济组织理事长。

第三十条 理事会对成员大会、成员代表大会负责，行使下列职权：

（一）召集、主持成员大会、成员代表大会，并向其报告工作；

（二）执行成员大会、成员代表大会的决定；

（三）起草农村集体经济组织章程修改草案；

（四）起草集体经济发展规划、业务经营计划、内部管理制度等；

（五）起草农村土地承包、宅基地使用、集体经营性财产收益权份额量化，以及集体经营性建设用地使用、出让或者出租等方案；

（六）起草投资方案；

（七）起草年度财务预决算、收益分配方案等；

（八）提出聘任、解聘主要经营管理人员及决定其报酬的建议；

（九）依照法律法规和农村集体经济组织章程管理集体财产和财务，保障集体财产安全；

（十）代表农村集体经济组织签订承包、出租、入股等合同，监督、督促承包方、承租方、被投资方等履行合同；

（十一）接受、处理有关质询、建议并作出答复；

（十二）农村集体经济组织章程规定的其他职权。

第三十一条 理事会会议应当有三分之二以上的理事会成员出席。理事会实行一人一票的表决方式。理事会作出决定，应当经全体理事的过半数同意。

理事会的议事方式和表决程序由农村集体经济组织章程具体规定。

第三十二条 农村集体经济组织设监事会，成员较少的可以设一至二名监事，行使监督理事会执行成员大会和成员代表大会决定、监督检查集体财产经营管理情况、审核监督本农村集体经济组织财务状况等内部监督职权。必要时，监事会或者监事可以组织对本农村集体经济组织的财务进行内部审计，审计结果应当向成员大会、成员代表大会报告。

监事会或者监事的产生办法、具体职权、议事方式和表决程序等，由农村集体经济组织章程规定。

第三十三条　农村集体经济组织成员大会、成员代表大会、理事会、监事会或者监事召开会议，应当按照规定制作、保存会议记录。

第三十四条　农村集体经济组织理事会成员、监事会成员或者监事与村党组织领导班子成员、村民委员会成员可以根据情况交叉任职。

农村集体经济组织理事会成员、财务人员、会计人员及其近亲属不得担任监事会成员或者监事。

第三十五条　农村集体经济组织理事会成员、监事会成员或者监事应当遵守法律法规和农村集体经济组织章程，履行诚实信用、勤勉谨慎的义务，为农村集体经济组织及其成员的利益管理集体财产，处理农村集体经济组织事务。

农村集体经济组织理事会成员、监事会成员或者监事、主要经营管理人员不得有下列行为：

（一）侵占、挪用、截留、哄抢、私分、破坏集体财产；

（二）直接或者间接向农村集体经济组织借款；

（三）以集体财产为本人或者他人债务提供担保；

（四）违反法律法规或者国家有关规定为地方政府举借债务；

（五）以农村集体经济组织名义开展非法集资等非法金融活动；

（六）将集体财产低价折股、转让、租赁；

（七）以集体财产加入合伙企业成为普通合伙人；

（八）接受他人与农村集体经济组织交易的佣金归为己有；

（九）泄露农村集体经济组织的商业秘密；

（十）其他损害农村集体经济组织合法权益的行为。

第五章 财产经营管理和收益分配

第三十六条 集体财产主要包括：

（一）集体所有的土地和森林、山岭、草原、荒地、滩涂；

（二）集体所有的建筑物、生产设施、农田水利设施；

（三）集体所有的教育、科技、文化、卫生、体育、交通等设施和农村人居环境基础设施；

（四）集体所有的资金；

（五）集体投资兴办的企业和集体持有的其他经济组织的股权及其他投资性权利；

（六）集体所有的无形资产；

（七）集体所有的接受国家扶持、社会捐赠、减免税费等形成的财产；

（八）集体所有的其他财产。

集体财产依法由农村集体经济组织成员集体所有，由农村集体经济组织依法代表成员集体行使所有权，不得分割到成员个人。

第三十七条 集体所有和国家所有依法由农民集体使用的耕地、林地、草地以及其他依法用于农业的土地，依照农村土地承包的法律实行承包经营。

集体所有的宅基地等建设用地，依照法律、行政法规和国家有关规定取得、使用、管理。

集体所有的建筑物、生产设施、农田水利设施，由农村集体经济组织按照国家有关规定和农村集体经济组织章程使用、管理。

集体所有的教育、科技、文化、卫生、体育、交通等设施和农村人居环境基础设施，依照法律法规、国家有关规定和农村集体经济组织章程使用、管理。

第三十八条 依法应当实行家庭承包的耕地、林地、草地以外的其他农村土地，农村集体经济组织可以直接组织经营或者依法实行承包经营，也可以依法采取土地经营权出租、入股等方式经营。

第三十九条 对符合国家规定的集体经营性建设用地，农村集体经济组织应当优先用于保障乡村产业发展和乡村建设，也可以依法通过出让、出租等方式交由单位或者个人有偿使用。

第四十条 农村集体经济组织可以将集体所有的经营性财产的收益权以份额形式量化到本农村集体经济组织成员，作为其参与集体收益分配的基本依据。

集体所有的经营性财产包括本法第三十六条第一款第一项中可以依法入市、流转的财产用益物权和第二项、第四项至第七项的财产。

国务院农业农村主管部门可以根据本法制定集体经营性财产收益权量化的具体办法。

第四十一条 农村集体经济组织可以探索通过资源发包、物业出租、居间服务、经营性财产参股等多样化途径发展新型农村集体经济。

第四十二条 农村集体经济组织当年收益应当按照农村集体经济组织章程规定提取公积公益金，用于弥补亏损、扩大生产经营等，剩余的可分配收益按照量化给农村集体经济组织成员的集体经营性财产收益权份额进行分配。

第四十三条 农村集体经济组织应当加强集体财产管理，建立集体财产清查、保管、使用、处置、公开等制度，促进集体财产保值增值。

省、自治区、直辖市可以根据实际情况，制定本行政区域农村集体财产管理具体办法，实现集体财产管理制度化、规范化和信息化。

第四十四条 农村集体经济组织应当按照国务院有关部门制定的农村集体经济组织财务会计制度进行财务管理和会计核算。

农村集体经济组织应当根据会计业务的需要，设置会计机构，或者设置会计人员并指定会计主管人员，也可以按照规定委托代理记账。

集体所有的资金不得存入以个人名义开立的账户。

第四十五条 农村集体经济组织应当定期将财务情况向农村集体经济组织成员公布。集体财产使用管理情况、涉及农村集体经济组织及其成员利益的重大事项应当及时公布。农村集体经济组织理事会应当保证所公布事项的真实性。

第四十六条 农村集体经济组织应当编制年度经营报告、年度财务会计报告和收益分配方案，并于成员大会、成员代表大会召开十日前，提供给农村集体经济组织成员查阅。

第四十七条 农村集体经济组织应当依法接受审计监督。

县级以上地方人民政府农业农村主管部门和乡镇人民政府、街道办事处根据情况对农村集体经济组织开展定期审计、专项审计。审计办法由国务院农业农村主管部门制定。

审计机关依法对农村集体经济组织接受、运用财政资金的真实、合法和效益情况进行审计监督。

第四十八条 农村集体经济组织应当自觉接受有关机关和组织对集体财产使用管理情况的监督。

第六章 扶持措施

第四十九条 县级以上人民政府应当合理安排资金，支持农村集体经济组织发展新型农村集体经济、服务集体成员。

各级财政支持的农业发展和农村建设项目，依法将适宜的项目优先交由符合条件的农村集体经济组织承担。国家对欠发达地区和革命老区、民族地区、边疆地区的农村集体经济组织给予优先扶助。

县级以上人民政府有关部门应当依法加强对财政补助资金使用情况的监督。

第五十条 农村集体经济组织依法履行纳税义务，依法享受税收优惠。

农村集体经济组织开展生产经营管理活动或者因开展农村集体产权制度改革办理土地、房屋权属变更，按照国家规定享受税收优惠。

第五十一条 农村集体经济组织用于集体公益和综合服务、保障村级组织和村务运转等支出，按照国家规定计入相应成本。

第五十二条 国家鼓励政策性金融机构立足职能定位，在业务范围内采取多种形式对农村集体经济组织发展新型农村集体经济提供多渠道资金支持。

国家鼓励商业性金融机构为农村集体经济组织及其成员提供多样化金融服务，优先支持符合条件的农村集体经济发展项目，支持农村集体经济组织开展集体经营性财产股权质押贷款；鼓励融资担保机构为农村集体经济组织提供融资担保服务；鼓励保险机构为农村集体经济组织提供保险服务。

第五十三条 乡镇人民政府编制村庄规划应当根据实际需要合理安排集体经济发展各项建设用地。

土地整理新增耕地形成土地指标交易的收益，应当保障农村集体经济组织和相关权利人的合法权益。

第五十四条 县级人民政府和乡镇人民政府、街道办事处应当加强农村集体经济组织经营管理队伍建设，制定农村集体经济组织人才培养计划，完善激励机制，支持和引导各类人才服务新型农村集体经济发展。

第五十五条 各级人民政府应当在用水、用电、用气以及网络、交通等公共设施和农村人居环境基础设施配置方面为农村集体经济组织建设发展提供支持。

第七章 争议的解决和法律责任

第五十六条 对确认农村集体经济组织成员身份有异议，或者农村集体经济组织因内部管理、运行、收益分配等发生纠纷的，当事人可以请求乡镇人民政府、街道办事处或者县级人民政府农业农村主管部门调解解决；不愿调解或者调解不成的，可以向农村土地承包仲裁机构申请仲裁，也可以直接向人民法院提起诉讼。

确认农村集体经济组织成员身份时侵害妇女合法权益，导致社会公共利益受损的，检察机关可以发出检察建议或者依法提起公益诉讼。

第五十七条 农村集体经济组织成员大会、成员代表大会、理事会或者农村集体经济组织负责人作出的决定侵害农村集体经济组织成员合法权益的，受侵害的农村集体经济组织成员可以请求人民法院予以撤销。但是，农村集体经济组织按照该决定与善意相对人形成的民事法律关系不受影响。

受侵害的农村集体经济组织成员自知道或者应当知道撤销事由之日起一年内或者自该决定作出之日起五年内未行使撤销权的，撤销权消灭。

第五十八条 农村集体经济组织理事会成员、监事会成员或者监事、主要经营管理人员有本法第三十五条第二款规定行为的，由乡镇人民政府、街道办事处或者县级人民政府农业农村主管部门责令限期改正；情节严重的，依法给予处分或者行政处罚；造成集体财产损失的，依法承担赔偿责任；构成犯罪的，依法追究刑事责任。

前款规定的人员违反本法规定，以集体财产为本人或者他人债务提供担保的，该担保无效。

第五十九条 对于侵害农村集体经济组织合法权益的行为，农村集体经济组织可以依法向人民法院提起诉讼。

第六十条 农村集体经济组织理事会成员、监事会成员或者监事、主要经营管理人员执行职务时违反法律法规或者农村集体经济组织章程的规定，给农村集体经济组织造成损失的，应当依法承担赔偿责任。

前款规定的人员有前款行为的，农村集体经济组织理事会、监事会或者监事应当向人民法院提起诉讼；未及时提起诉讼的，十名以上具有完全民事行为能力的农村集体经济组织成员可以书面请求监事会或者监事向人民法院提起诉讼。

监事会或者监事收到书面请求后拒绝提起诉讼或者自收到请求之日起十五日内未提起诉讼的，前款规定的提出书面请求的农村集体经济组织成员可以为农村集体经济组织的利益，以自己的名义向人民法院提起诉讼。

第六十一条 农村集体经济组织章程或者农村集体经济组织成员大会、成员代表大会所作的决定违反本法或者其他法律法规规定的，由乡镇人民政府、街道办事处或者县级人民政府农业农村主管部门责令限期改正。

第六十二条 地方人民政府及其有关部门非法干预农村集体经济组织经营管理和财产管理活动或者未依法履行相应监管职责的，由上级人民政府责令限期改正；情节严重的，依法追究相关责任人员的法律责任。

第六十三条 农村集体经济组织对行政机关的行政行为不服的，可以依法申请行政复议或者提起行政诉讼。

第八章 附 则

第六十四条 未设立农村集体经济组织的，村民委员会、村民小组可以依法代行农村集体经济组织的职能。

村民委员会、村民小组依法代行农村集体经济组织职能的，讨论决定有关集体财产和成员权益的事项参照适用本法的相关规定。

第六十五条 本法施行前已经按照国家规定登记的农村集体经济组织及其名称，本法施行后在法人登记证书有效期限内继续有效。

第六十六条 本法施行前农村集体经济组织开展农村集体产权制度改革时已经被确认的成员，本法施行后不需要重新确认。

第六十七条 本法自 2025 年 5 月 1 日起施行。